Selbst-
management

effektiv und effizient

Anita Bischof
Dr. Klaus Bischof

4. Auflage

Haufe

Bibliografische Information der deutschen Bibliothek
Die Deutsche Bibliothek verzeichnet diese Publikation in der Deutschen Nationalbibliografie; detaillierte bibliografische Daten sind im Internet über http://dnb.ddb.de abrufbar.

ISBN 3-448-06182-4
Bestell-Nr. 00667-0004

1. Auflage 1997 (ISBN 3-86027-171-7)
2., überarb. und erw. Auflage 2001 (ISBN 3-86027-450-3)
3. Auflage 2002 (ISBN 3-448-05335-X)
4., aktualisierte Auflage 2004

Niederlassung Planegg b. München
Postanschrift: Postfach, 82142 Planegg
Hausanschrift: Fraunhoferstraße 5, 82152 Planegg
Fon (0 89) 8 95 17-0, Fax (0 89) 8 95 17-2 50
E-Mail: online@haufe.de
Internet: www.haufe.de
Lektorat: Dr. Ilonka Kunow, Claudia Nöllke, Textbüro Nöllke
Redaktion: Sylvia Rein

Satz + Layout: WerbeAgentur S6 GmbH, 82166 Gräfelfing
Umschlaggestaltung: Agentur Buttgereit & Heidenreich, 45721 Haltern am See
Druck: freiburger graphische betriebe, 79108 Freiburg
BAASKE CARTOONS, 79379 Müllheim: Klaus Espermüller, Bjorn Holm, Oswald Huber

Zur Herstellung der Bücher wird nur alterungsbeständiges Papier verwendet.

TaschenGuides – alles, was Sie wissen müssen

Für alle, die wenig Zeit haben und erfahren wollen, worauf es ankommt. Für Einsteiger und für Profis, die ihre Kenntnisse rasch auffrischen wollen.

Sie sparen Zeit und können das Wissen effizient umsetzen:

Kompetente Autoren erklären jedes Thema aktuell, leicht verständlich und praxisnah.

In der Gliederung finden Sie die wichtigsten Fragen und Probleme aus der Praxis.

Das übersichtliche Layout ermöglicht es Ihnen sich rasch zu orientieren.

Anleitungen „Schritt für Schritt", Checklisten und hilfreiche Tipps bieten Ihnen das nötige Werkzeug für Ihre Arbeit.

Als Schnelleinstieg die geeignete Arbeitsbasis für Gruppen in Organisationen und Betrieben.

Ihre Meinung interessiert uns! Mailen Sie einfach unter online@haufe.de an die TaschenGuide-Redaktion. Wir freuen uns auf Ihre Anregungen.

Inhalt

Vorwort

Selbstmanagement ist eine Schlüsselkompetenz, die nur wenige beherrschen. Eigentlich kein Wunder, denn weder Schulen noch Universitäten vermitteln, wie wir unsere beruflichen Ziele finden und zielstrebig verfolgen, unsere Arbeit perfekt organisieren, Zeit richtig nutzen, mit anderen effektiv zusammenarbeiten oder unsere kommunikativen Fähigkeiten weiterentwickeln. Ob als Führungskraft oder Mitarbeiter – spätestens im betrieblichen Alltag merken wir, dass ein unkoordinierter Arbeitsstil viel Geld, Zeit und Nerven kostet.

Unser TaschenGuide hilft Ihnen, den Arbeitstag in den Griff zu bekommen und Ihre beruflichen Ziele zu erreichen: mit Checklisten zur kritischen Selbstanalyse und Standortbestimmung, vielen Tipps und überzeugenden, einfachen Lösungen für die Praxis. Lernen Sie sich selbst zu managen und Sie werden auf der Karriereleiter schnell vorankommen!

Anita Bischof und Dr. Klaus Bischof

Wo stehen Sie?

Wer bewusst Verantwortung für seine berufliche Laufbahn übernehmen will, muss zunächst einmal wissen, wo er überhaupt steht. Möglichkeiten und Chancen für das eigene Fortkommen auszuloten ist der erste Schritt auf dem Weg zum erfolgreichen Selbstmanagement.

Wir stellen Ihnen einige bewährte Instrumente vor, mit denen Sie sich über Ihren heutigen Standort einfach und schnell klar werden:

- Lust-Frust-Bilanz
- Leistungsbilanz
- Stärken-Schwächen-Analyse
- Kompetenzbeurteilung

Später, wenn wir uns auf die Suche nach Ihren Zielen begeben und diese schriftlich festhalten, werden diese Instrumente zur Standortbestimmung erneut wichtig.

Ein Beispiel

Angenommen, Sie stellen bei der Stärken-Schwächen-Analyse fest, dass Ihnen Teamarbeit schwer fällt und Sie viel lieber für sich alleine arbeiten. Für die Zukunft wünschen Sie sich aber, in einer bestimmten Firma an der Entwicklung von Motoren mitzuarbeiten. Da Sie sicher sein können, dass ein Ingenieurteam an solchen Entwicklungen arbeitet, müssen Sie sich natürlich fragen, ob Sie dort überhaupt gut aufgehoben wären. Vielleicht haben Sie in Ihrer Kompetenzbeurteilung festgehalten, dass Sie dann besonders erfolgreich sind, wenn Sie anderen Konzepte präsentieren und verkaufen. Dann fragt sich natürlich, ob Sie Ihre Talente nicht vergeuden, wenn Sie in Zukunft einen Job ohne Kundenkontakt suchen.

■ *Halten Sie die Ergebnisse der nachfolgenden Analysen unbedingt schriftlich fest! Wer sich die Fragen nur durch den Kopf gehen lässt, riskiert schwammige, wenig konkrete Einschätzungen. Was nicht schwarz auf weiß auf dem Papier steht, ist nicht zu Ende gedacht, wird später oft vergessen oder im Nachhinein ganz anders interpretiert.* ■

Ihre Lust-Frust-Bilanz

Zunächst geht es darum, dass Sie Ihre aktuelle berufliche Situation richtig einschätzen. Es geht hierbei nicht um Fakten, sondern um Ihre **Emotionen**, die Sie in der so genannten Lust-Frust-Bilanz schriftlich festhalten.

- Sie werden sich darüber klar, was Ihnen bei der Arbeit Spaß macht und leicht fällt bzw. wo Sie mögliche Schwachpunkte haben und mit Frustration reagieren.
- Die Bilanz dokumentiert Ihre jetzige Situation. Später können Sie leicht daran ablesen, ob und wie Sie sich weiterentwickelt haben.

Wie gehen Sie vor?

1 Stellen Sie eine Reihe von Faktoren zusammen, die Einfluss auf Ihre Arbeitszufriedenheit bzw -unzufriedenheit nehmen. Solche Faktoren könnten sein: Ihre verschiedenen Aufgabenfelder, die Zusammenarbeit mit Vorgesetzten bzw. Mitarbeitern, das Arbeitsklima, Ihr Verhältnis zu Kunden und Lieferanten etc.

2 Jetzt überlegen Sie für jeden Bereich, was Ihnen Freude bereitet und was Sie frustriert. Was Spaß macht, halten Sie auf der Lustseite, was Frust bereitet, auf der Frustseite schriftlich fest.

Die Lust-Frust-Bilanz verdeutlicht negative und positive Emotionen

Lust	**Frust**

Beispiel: Die Lust-Frust-Bilanz eines Beraters

Lust	Frust
• Zusammenarbeit mit Menschen • Kunden fordern • unterschiedliche Aufgaben • konzeptionelles Arbeiten	• echtes Feedback zu erhalten ist nicht immer möglich • Hotelübernachtung

■ *Falls es Ihnen nicht leicht fällt auf Anhieb zu sagen, wann Sie Spaß empfinden und wann Sie verärgert sind, denken Sie einmal scharf nach: Welche Aufgaben schieben Sie immer wieder auf die lange Bank, welche gehen Sie rasch an? Wann fühlen Sie sich bei der Arbeit gut, wann reagieren Sie gereizt? Welche Kollegen, Vorgesetzte und Kunden mögen Sie, wem gehen Sie aus dem Weg?* ■

Was haben Sie bisher geleistet?

Wissen Sie eigentlich, was Sie beispielsweise im letzten Jahr geleistet haben? Ihre persönliche Leistungsbilanz gibt Ihnen eine Antwort darauf, auf welchen Gebieten Sie erfolgreich waren bzw. Misserfolge verzeichnen mussten. Sie hilft Ihnen Ihre Leistungsfähigkeit zu erkennen, daran weiterzuarbeiten bzw. Ihren Kurs gegebenenfalls zu korrigieren.

Wie gehen Sie vor?

1 Wählen Sie einen bestimmten Zeitabschnitt, z. B. das letzte Jahr, und fragen Sie sich: Was habe ich mir damals vorgenommen, was konnte ich erreichen und wo habe ich meine Ziele verfehlt?

2 Tragen Sie auf der Erfolgsseite sowohl dokumentierte und vereinbarte erreichte Erfolge ein als auch „zufällige", ungeplante.

3 Notieren Sie auch Punkte, die Ihnen zu einem späteren Zeitpunkt einfallen. So ergibt sich eine vollständige und aktuelle Leistungsbilanz.

Die Leistungsbilanz verdeutlicht eigene wichtige Erfolge und Misserfolge

Erfolg	Misserfolg

Beispiel: Die Leistungsbilanz eines Beraters

Erfolg	Misserfolg
• Langjährige Kundenbeziehungen • Ergebnisse aus Aufträgen werden umgesetzt • Bekanntheitsgrad gesteigert • Qualität der Produkte ist groß	• Kunden nutzen immer nur spezielle Stärken • Internet nicht genutzt

Die Stärken- und Schwächenanalyse

Anhand der Lust-Frust-Bilanz und der Leistungsbilanz haben Sie im Detail beschrieben, wo Sie heute stehen. Jetzt wenden Sie sich der Analyse Ihrer Stärken und Schwächen zu.

- Gerade in längeren Veränderungsprozessen ist es hilfreich, Fähigkeiten und Schwachpunkte zu erkennen und immer wieder zu benennen. So lassen sich Entwicklungen besser ablesen.
- Wer weiß, wo die eigenen Stärken liegen, setzt sie bewusster ein und gewinnt dadurch mehr Sicherheit. Wer sich seinen Schwächen stellt, lernt besser mit ihnen umzugehen oder sie sogar zu überwinden.

Wie gehen Sie vor?

1 Fragen Sie sich zunächst nach Ihren Stärken!

Was bedeutet Stärke für mich? Welche Stärken habe ich? Was kann ich besonders gut? Welche Chancen ergeben sich aus meinen Fähigkeiten? Gefährde ich die Stärken, wenn ich beispielsweise in einem anderen Umfeld arbeite? Werde ich dann genauso von den Kollegen angenommen?

2 Loten Sie anschließend Ihre Schwächen aus!

Was bedeutet Schwäche für mich? Bei welchen Aufgaben versage ich immer wieder? Halten bestimmte Schwächen verborgene Chancen bereit, die sich in einem anderen Arbeitsumfeld entfalten könnten? Spielen meine Schwächen in einem anderen Umfeld vielleicht kaum mehr eine Rolle?

- *Listen Sie Ihre Stärken bzw. Schwächen nach einzelnen Aufgabenfeldern geordnet auf. So erhalten Sie ein systematisches Profil Ihrer Selbsteinschätzung.*

Die Stärkenanalyse zeigt Ihre besonderen Fähigkeiten auf.

Datum			
Aufgabe (Lebens- oder Berufsgebiet)	**Stärken**	**Folgen/Chancen**	**Offene Fragen/ Absichten?**
1.			
2.			
3.			

Die Schwächenanalyse verdeutlicht problematische Felder.

Datum			
Aufgabe (Lebens- oder Berufsgebiet)	**Schwächen**	**Folgen/Risiken**	**Offene Fragen/ Absichten?**
1.			
2.			
3.			

Beispiel: Die Stärken- und Schwächenanalyse von Alexandra B.

Datum: 01.04.03			
Aufgabe (Lebens- oder Berufsgebiet)	**Stärken**	**Folgen/Chancen**	**Offene Fragen/ Absichten?**
1. Konzeptionelle Aufgaben	• Hohes analytisches Denkvermögen	• Probleme, Aufgaben sind übersichtlich und auf das Wesentliche beschränkt strukturiert und damit leicht verständlich.	
2. Projektleitung	• Strukturierung	• Übersichtlicher Projektplan mit klaren Zuständigkeiten und Terminen	

Datum: 01.04.03			
Aufgabe (Lebens- oder Berufsgebiet)	**Schwächen**	**Folgen/Risiken**	**Offene Fragen/ Absichten?**
1. technisch orientierte Aufgaben	• geringe Experimentierfreude	• findet wenig für sich selbst heraus, lange Lernphase	
2. Präsentation, Vortrag	• großes Lampenfieber	• kommt bei Zuhörern schlecht an	

Kompetenzen erkennen und bewerten

Es gibt eine Reihe von Kompetenzbereichen, die wir im nächsten Schritt unter die Lupe nehmen wollen. Dazu zählen Ihre Persönlichkeit, die Fähigkeit anderen Ideen oder Güter zu verkaufen, fachliches Können, soziale und Führungskompetenz. Um festzustellen, auf welchen Gebieten Sie über besondere Fertigkeiten verfügen und auf welchen Sie eher schwach sind, führen Sie eine Kompetenzbeurteilung durch.

- Sie erhalten ein klares Bild Ihrer Leistung.
- Sie erkennen, in welchen Kompetenzbereichen Sie bereits heute gut sind und wo es noch Defizite gibt.
- Sie lernen, sich auf einige klare Kompetenzbereiche zu konzentrieren.

Wie gehen Sie vor?

1 Beobachten und protokollieren Sie Ihr Verhalten!

Bereiten Sie sich vor, indem Sie Fakten sammeln! Bevor Sie mit der Analyse beginnen, beobachten Sie sich sorgfältig bei der Arbeit, z. B. bei Kundenbesuchen, in Ihrem Büro und bei Gesprächen mit Kollegen, Vorgesetzten und Mitarbeitern. Sie notieren, was Ihnen an Ihrem Verhalten auffällt.

Nehmen Sie die nachfolgend aufgelisteten Verhaltenskategorien zu Hilfe, um sich die Arbeit zu erleichtern. Sie können im Übrigen auch eine Vertrauensperson bitten Sie in Augenschein zu nehmen. Das erweitert den Blickwinkel und objektiviert die Ergebnisse.

2 Beurteilen Sie Ihre Kompetenzen!

Nehmen Sie sich eine Stunde Zeit und lesen Sie Ihre Notizen. Die Verhaltensbeschreibungen und frühere Aufzeichnungen (z. B. die Stärken-Schwächenanalyse) können ebenfalls herangezogen werden. Fassen Sie Ihre Notizen in klaren Aussagen zusammen und halten Sie sie auf dem Formblatt in der rechten Spalte fest. In der mittleren Spalte können Sie Ihre Leistungen in den verschiedenen Kompetenzbereichen auf einer Skala selbst einschätzen. Sie können sich jedoch auch von Ihrem Vorgesetzten oder einem Dritten beurteilen lassen.

■ *Die Komptenzbeurteilung eignet sich auch für Bewerbungsgespräche. Zunächst beurteilen Sie den Bewerber, anschließend lassen Sie den Bewerber den Test durchführen. Tauschen Sie die Ergebnisse aus und klären Sie etwaige Differenzen! Genauso können Sie auch schwierige Mitarbeiter beurteilen oder solche, die weiterentwickelt werden sollen.* ■

Die Verhaltensliste hilft bei der detaillierten Beschreibung Ihrer Fähigkeiten:

1. *Verhaltensweisen, welche die Persönlichkeit kennzeichnen*

Flexibilität und Initiative

- *stellt sich schnell auf veränderte und neue Sachlagen ein*
- *richtet die Arbeitsführung auf die neue Situation aus*
- *reagiert schnell bei akuten Problemen und behält dabei die Übersicht*
- *erkennt Aufgaben aus eigenem Antrieb und greift sie auf, ohne den Weg genau vorgezeichnet zu bekommen*

Auftreten

- *spricht frei und offen*
- *schreibt klar und kurz*
- *ist sicher im Auftreten*
- *überzeugt das Publikum oder eine Diskussionsrunde*
- *lässt Partner aussprechen*
- *hört interessiert zu*
- *respektiert die Meinung des anderen in Diskussionen*

2. *Verkaufsverhalten*

Kenntnis der Produkte

- *Kennt Produkte und kann sie präsentieren und erläutern*
- *Kennt Vergleichsprodukte der Konkurrenz und kann wesentliche Vorteile der eigenen Produkte aufzeigen*

Verhalten zu Kunden

- *macht ohne Widerstand Termine am Telefon ab*
- *führt harte Kundengespräche sicher und mit klaren Ergebnissen*
- *überzeugt uninformierte Kunden*
- *berät mit einem klaren Ergebnis unsichere Kunden*
- *fragt auch bei problemlosen Kunden hin und wieder nach*

3. *Fachliches Verhalten:*

Arbeitsqualität

- *führt eigene Arbeiten möglichst fehlerfrei aus*

Arbeitsquantität

- *erledigt Aufgaben in vorgegebener Zeit*
- *zeigt Ausdauer und Stetigkeit bei der Arbeit*

Urteilsvermögen und Kontrolle

- *erkennt Ziele und Notwendigkeiten*
- *setzt Prioritäten*
- *wählt neue Lösungswege nach ihrer Wirksamkeit und setzt sie gezielt ein*
- *kontrolliert eigene Arbeitsergebnisse*

Kostenbewusstes Handeln

- *erreicht vorgegebene Ziele mit möglichst geringem Zeitaufwand*
- *erkennt Verlustquellen und behebt sie*
- *geht rationell mit Ressourcen um*

4. Soziales Verhalten und Führungsverhalten

Zusammenarbeit

- *arbeitet mit Kollegen und Vorgesetzten zusammen*
- *beteiligt sich an gemeinsamen Aufgaben*
- *beschafft sachdienliche Informationen unter Ausnutzung aller Kommunikationswege*
- *leitet Informationen exakt und schnell weiter*
- *geht diskret mit vertraulichen Dingen um*
- *merkt sich wichtige Gedanken in Gesprächen und knüpft nachher daran an*

Zielorientiertes Arbeiten und Überzeugungskraft

- *bildet sich eine eigene Meinung aufgrund von Fachkompetenz und stellt sie verständlich dar*
- *überzeugt durch Argumente sowie durch Sprache und Auftreten, auch gegen Widerstände*
- *bewegt etwas*
- *gibt auch eigene Lieblingsaufgaben an andere ab*

Führungsverhalten (nur bei Führungsaufgaben)

- *trifft Entscheidungen, die das Aufgabenziel erreichen*
- *kann und will unfähige Mitarbeiter straff führen*
- *vertritt Unternehmensentscheidungen bei seinen Mitarbeitern*
- *steht bei Problemen Mitarbeitern offen zur Verfügung*
- *berät Mitarbeiter bei Unsicherheit*
- *hört gut zu*

Mitarbeiterentwicklung

- *erkennt Leistungspotenziale der Mitarbeiter*
- *fördert Mitarbeiter in ihrem Potenzial*
- *nutzt das Potenzial seiner Mitarbeiter voll aus*
- *gibt Mitarbeiter ab*
- *setzt theoretische und praktische Kenntnisse ein*
- *braucht kaum kontrolliert zu werden*

Die Kompetenzbeurteilung zeigt Ihnen, wo Ihre Stärken liegen:

Name:	**Kompetenzbeurteilung**	**Datum:**
Kernkompetenzen	**Beobachtung/Beurteilung durch Vorgesetzte/n**	**eigene Beschreibung**
1. Persönlichkeit	100% 75% 50% 25%	
• Flexibilität und Initiative	❐ ❐ ❐ ❐	
• Auftreten	❐ ❐ ❐ ❐	
2. Verkaufen	100% 75% 50% 25%	
• Kenntnis der Produkte	❐ ❐ ❐ ❐	
• Verhalten zu Kunden	❐ ❐ ❐ ❐	
3. Fachliches Können	100% 75% 50% 25%	
• Arbeitsqualität	❐ ❐ ❐ ❐	
• Arbeitsquantität	❐ ❐ ❐ ❐	
• Urteilsvermögen und Kontrolle	❐ ❐ ❐ ❐	
• Kostenbewusstes Handeln	❐ ❐ ❐ ❐	
4. Soziale und Führungskompetenz	100% 75% 50% 25%	
• Zusammenarbeit	❐ ❐ ❐ ❐	
• Zielorientiertes Arbeiten und Überzeugungskraft	❐ ❐ ❐ ❐	
• Führungsverhalten (bei Führungsaufgaben)	❐ ❐ ❐ ❐	
• Mitarbeiterentwicklung (bei Führungsaufgaben)	❐ ❐ ❐ ❐	

Wie Sie Ihre Ziele finden und verwirklichen

Ihre Ausgangssituation haben Sie nun geklärt. Sie wissen, wie Sie sich in Ihrer jetzigen beruflichen Situation fühlen, was Sie bisher geleistet haben, wo Ihre Stärken und Schwächen, Ihre Talente und Fertigkeiten liegen. Somit sind Sie gut vorbereitet für die nächsten Schritte auf Ihrem Weg zum erfolgreichen Selbstmanagement: die Zielfindung, Zielformulierung und -realisierung.

Warum sind Ziele so wichtig?

Jeden Tag sind wir mit einer Unmenge von Aufgaben konfrontiert, unser Terminkalender quillt über, Kollegen, Vorgesetzte und Kunden schneien mit unvorhergesehenen Anliegen herein. So vergeht Woche um Woche. Nur leider verlieren wir dabei leicht eines aus den Augen: unsere Ziele.

Wir richten unsere Aufmerksamkeit viel zu sehr auf einzelne Aufgaben. Statt dessen müssen wir lernen in Zielen zu denken und unsere Aktivitäten streng nach diesen Zielen auszurichten. Nur so bündeln wir unsere Energien und erreichen das, was wir uns vorgenommen haben.

Darüber hinaus versetzen uns Ziele überhaupt erst in die Lage, unsere Leistung richtig zu beurteilen. Wenn wir für unsere Arbeit keine Messlatte, keinen Richtwert haben, wissen wir auch nicht, ob wir gute oder schlechte Arbeit machen.

Wodurch zeichnen sich Ziele aus?

Ziele sind auf die Zukunft gerichtete Vorstellungen. Um sie zu erreichen, nehmen Sie sich etwas vor und realisieren es auch. Andernfalls sind es keine Ziele, sondern nur Pläne oder Vorsätze.

Wer sich ein Ziel setzt, klärt damit drei, für die Karriere entscheidende Dinge:

- Wo will ich hin? In welche Richtung will ich mich verändern bzw. entwickeln? Was will ich an mir selbst, in meiner Umgebung ändern?
- Wie will ich etwas ändern?
- Wie schnell möchte ich etwas erreichen?

Mit wem stimme ich meine Ziele ab?

Eines ist natürlich klar: Ein Ziel erreichen Sie nicht als Alleinkämpfer. Sie brauchen Menschen, die Sie in Ihren Karrierezielen unterstützen. Die Meinungen anderer Personen, die von Ihren Plänen betroffen sind, müssen Sie kennen. Dazu gehört neben Ihrem Chef selbstverständlich Ihr Lebenspartner. Offenheit ist jetzt notwendig. Es nützt nichts, wenn Sie sich über Ihre beruflichen Pläne Gedanken machen, wenn Ihr Chef ganz andere berufliche Ziele mit Ihnen verfolgt.

Was den Lebenspartner betrifft, so muss dieser sich meist auf mehr Engagement Ihrerseits einrichten. Es ist außerordentlich wichtig, dass Ihr Partner und/oder Ihre Familie bedeutende Entscheidungen mittragen, beispielsweise wenn Sie für ein Jahr ins Ausland gehen müssen. Gerade in schwierigen Situationen können eine gut funktionierende Partnerschaft oder ein harmonisches Familienleben über den beruflichen Erfolg entscheiden.

Ziele finden

Sicherlich kennen Sie Äußerungen wie: „Ich möchte mal ein Buch schreiben" oder: „Ich hätte gerne irgendwann ein eigenes Unternehmen". Solche Wünsche haben wir alle – doch wie ernst meinen wir es damit? Im Prozess der Zielfindung klären Sie, was Sie wollen, wie wichtig bestimmte Wünsche für Sie sind. Bei der Zielfindung erarbeiten Sie Vorstellungen, Richtungen, Ideen für Ihre persönliche Weiterentwicklung.

Wo fange ich an?

Wir haben für Sie vier Fragen formuliert, die Ihnen helfen werden, die ersten Schritte auf dem Weg zu Ihren Zielen einzuleiten. Mit ihrer Hilfe

- haben Sie für sich geklärt, welche Wünsche Sie in welchem Zeitrahmen angehen wollen.
- werden Ihre Wunschvorstellungen geordnet, weil Sie sie auf der Zeitachse platziert haben.
- können Sie alle Ideen und Wünsche, die Sie nicht auf der Zeitachse zuordnen können, bezüglich ihrer Ernsthaftigkeit überprüfen. Möglicherweise handelt es sich hier nur um Luftschlösser.
- erkennen Sie, wohin die persönliche Weiterentwicklung gehen soll.

Die Fragen lauten:

1 Was würde mir in einem Monat/Jahr Spaß machen?

____

____

2 Was wird mich in einem Monat/Jahr ärgern bzw. meine Nerven strapazieren? ______________________

____

3 Was will ich in einem Monat/Jahr erreicht haben?

____

____

4 Was will ich in einem Monat/Jahr nicht erreicht haben?

____

____

Was hilft mir bei meiner Zielfindung?

Folgende Instrumente und Vorgehensweisen erleichtern Ihnen die Zielfindung:

Ihre Wünsche, Vorstellungen und Ideen bezüglich Ihrer Weiterentwicklung ermitteln Sie mit Hilfe der **Lust-Frust-Bilanz** und der **Leistungsbilanz**. Prüfen Sie, mit was Sie unzufrieden sind und wo Sie sich verändern wollen. Stellen Sie sich konkret den Zeitrahmen vor, in dem Sie Veränderungen vollziehen wollen; so fallen alle Wünsche der Kategorie „wäre vielleicht mal was" oder „könnte interessant sein" durch.

Nutzen Sie auch die **Stärken-Schwächen-Analyse** aus der Standort-Bestimmung und die **Kompetenzbeurteilung für die Zielfindung**. In der **Stärkenanalyse** haben Sie Ihre Stärken notiert und die daraus zu erwartenden Chancen. Prüfen Sie, inwieweit Sie die Chancen realisieren können. In der **Kompetenzbeurteilung** haben Sie sich hinsichtlich verschiedener Fertigkeiten eingeschätzt. Auch hier überlegen Sie, bei welchen Kompetenzen Sie sich verbessern wollen.

Was soll sich zukünftig verändern?

Erstellen Sie eine Lust-Frust-Bilanz, die in die Zukunft gerichtet ist.

- Sie haben sich die Frage gestellt: Was soll mir in Zukunft (in einem Jahr/Monat) Spaß machen? Tragen Sie die Punkte auf der Lustseite der Lust-Frust-Bilanz ein.
- Die Antworten auf die Frage: Was wird mich in Zukunft (in einem Jahr/Monat) immer noch nerven, ärgern? halten Sie auf der Frustseite der Lust-Frust-Bilanz fest.

Lust	Frust

Was will ich zukünftig erreichen?

Ebenso erstellen Sie eine Leistungsbilanz, die in die Zukunft gerichtet ist. Sie überlegen sich dabei folgendes:

- Was möchte ich in einem Jahr/Monat erreichen? Wichtig ist, dass Sie sich darüber klar werden, in welchem Zeitrahmen Sie eine bestimmte Veränderung anstreben. Auf der Erfolgsseite tragen Sie nur Erfolge ein, die erwartbar und realistisch sind.
- Was glaube ich in einem Jahr/Monat nicht zu erreichen? Mit welchen Schwierigkeiten muss ich rechnen? Auf der Misserfolgsseite notieren Sie die Punkte, die Ihnen Ihrer Ansicht nach aus dem Ruder laufen werden bzw. die Sie nicht beeinflussen können. Führen Sie auch auf, welche Ergebnisse Sie objektiv nicht erreichen werden. Stellen Sie darüber hinaus zusammen, was Sie aufgrund äußerer wie innerer Umstände nicht erreichen können.

Erfolg	Mißerfolg

Ziele formulieren

Je konkreter und klarer ein Ziel fomuliert ist, desto einfacher können Sie es umsetzen. Ein Ziel wird durch folgende Aussagen beschrieben:

- die Absicht, den Zweck der Veränderung
- die Maßnahmen, die Aktivitäten für die Umsetzung des Ziels
- das Ergebnis, den Zustand, der erreicht werden soll
- den zeitlichen Rahmen, bis zu dem die Veränderung umgesetzt wird.

Wozu Ziele formulieren?

- Die Zielformulierung schafft Klarheit für die Zielumsetzung. Es werden **Details** für die Veränderung definiert.

- Die Zielformulierung beinhaltet den **Plan** für die Umsetzung Ihrer Ziele. Zielkonflikte werden während der Zielformulierung aufgedeckt und gelöst.

Wie gehen Sie vor?

Um die eigenen Ziele formulieren zu können, beantworten Sie gewissenhaft die vier folgenden Fragenkomplexe:

1 Was bezwecke ich mit einer Veränderung?

Klären Sie im einzelnen folgende Punkte für sich:

- Die Absicht der Veränderung.
- Was bedeutet die Veränderung für mich?
- Welche Vorteile, welchen Nutzen erwarte ich aufgrund der Veränderung?

2 Wie komme ich dahin?

Formulieren Sie Maßnahmen für Ihr Ziel

- Was muss ich machen, damit ich die gesteckten Ziele erreiche?
- Welche konkreten Aktivitäten und Maßnahmen sind für die Zielerreichung notwendig?

Beispiel

Ein Außendienstmitarbeiter ist unzufrieden mit der bisherigen Routenplanung und setzt sich zum Ziel, diese zu verbessern. Er klärt zunächst, an welchen Punkten er ansetzen muss. So wird er etwa die zu viel gefahrenen Kilometer erfassen und seinem Vorgesetzten vorlegen. Darüber hinaus wird er bei der Terminvereinbarung in etwa wissen, welche Gebiete an welchem Tag angefahren werden sollen, und dies bei der Planung berücksichtigen.

Klären Sie konkrete Voraussetzungen

Was brauche ich für die Umsetzung meiner Veränderungen? Solche Voraussetzungen für eine Zielerreichung können sein:

- **Zeit**, z. B. damit Sie sich in ein neues Thema einarbeiten können
- **bestimmte Personen**, z. B. ein Mentor, der mit Ihnen Verständnisfragen klärt
- **Geld**, z. B. für Bücher, Lehrmaterial, Ausbildungskosten
- **ein Ort**, z. B. ein Raum, in dem Sie ungestört lernen können
- **Qualität**, z. B. eine offizielle Beurteilung Ihrer Arbeit
- **Quantität**, z. B. ein bestimmtes Volumen für eine offizielle Anerkennung Ihrer Leistung.

Stecken Sie Ihren Einflussbereich ab

Ist es möglich, die erforderlichen Voraussetzungen zu schaffen?

Die Bereitstellung der Voraussetzungen liegt manchmal außerhalb Ihres Einflussbereiches. Sie sind dann auf eine dritte Person angewiesen. Es ist deshalb sehr wichtig, dass Sie sich bereits bei der Zielformulierung Gedanken machen, welche Voraussetzungen notwendig sind.

Falls es nicht möglich ist, die Voraussetzungen bereitzustellen, werden Sie dieses Ziel nicht realisieren. Das bedeutet, dass Sie das Ziel entweder auf später verschieben müssen oder dass Sie dieses Ziel anpassen oder ganz aus Ihrer Wunschliste streichen müssen.

3 Wo will ich hin?

Wohin soll die berufliche Entwicklung führen?

Was ist das Ergebnis, der Zustand, den ich mit der Veränderung erreichen möchte? Sie machen sich Gedanken, wohin Sie sich entwickeln wollen. Was sind die Ergebnisse Ihrer Entwicklung? Entwicklung ist unabdingbar mit Zielen verbunden, die mit Ihnen als Mitarbeiter vereinbart werden. Die Ziele können sowohl aufgabenorientiert wie auch beziehungsorientiert sein. Welchen Inhalt sie genau annehmen, hängt selbstverständlich von Ihren gesteckten Zielen ab. Wir empfehlen deshalb, mit Ihrem Vorgesetzten Ihre Überlegungen abzustimmen.

Welche Rolle spielen persönliche Ziele?

Hinzu kommt der **persönliche Aspekt.** Jede Person hat selbstverständlich eigene persönliche Ziele. Je enger diese mit den unternehmerischen zur Deckung gebracht werden, desto eher werden sie auch erreicht. Berufliche Entwicklung und persönliche Ziele können Sie nur über offene Gespräche mit Ihrem Vorgesetzten und sonstigen beteiligten Personen (z. B. Ihrem Lebenspartner) in Einklang bringen.

4 Bis wann will ich mein Ziel erreicht haben?

Zuletzt bestimmen Sie noch, in welchem Zeitrahmen Ihr Ziel verwirklicht werden soll:

- Bis wann soll die Veränderung umgesetzt werden?
- Ab wann werden Aktivitäten und Maßnahmen greifen?

Ziele formulieren im ZIEL-Schema

Das Ziel-Schema gibt Ihnen einen Eindruck davon, welche Punkte die Zielformulierung ganz konkret beinhaltet. Es hilft Ihnen dabei Ihre Gedanken zu strukturieren.

Die Bedeutung von ZIEL

Zweck

Zu welchem Zweck machen wir das?
Was habe ich davon?
Was bedeutet das für uns?

Inhalt

Was brauche ich dazu? Methoden, Vorgehensweisen, Personen, Maßnahmen und Aktivitäten, Voraussetzungen
Wie und womit?

Ergebnis

ein messbarer und überprüfbarer Zustand
Erfolgskriterien?
Was?

Länge

Wie lange?

Ein Beispiel zu ZIEL

	Zweck	Inhalt
	Zu welchem Zweck machen wir das? Was habe ich davon? Was bedeutet das für uns?	*Was brauche ich dazu? Methoden, Vorgehensweisen, Personen, Maßnahmen und Aktivitäten, Voraussetzungen,* Wie und womit?
	Zweck	**Inhalt**
Ziel 1	*ungestörtes Arbeiten zu gewissen Blockzeiten ermöglichen*	*mittels Telefonumleitung von 12.00 bis 14.00 Uhr und aktueller Tagesplanung und Wochenplanung schaffe ich mir Freiräume und ...*
Ziel 2	....	....
Ziel 3	....	....
Ziel 4	....	....
Ziel 5	....	....

Ergebnis

ein messbarer und überprüfbarer Zustand

Erfolgskriterien?

Was?

Länge

Wie lange?

Ergebnis

Aufgaben, die eine hohe Konzentration erfordern, können bearbeitet werden

Länge

ab sofort

....

....

....

....

ZIEL steht dabei für

- Zweck
- Inhalt
- Ergebnis
- Länge

und deckt damit die vier Bereiche ab, die Sie benötigen, um ein Ziel zu verwirklichen. Mit dem Ziel-Schema erhalten Sie gleichzeitig einen kompakten Überblick über die Planung Ihrer Ziele.

Das Ziel-Schema lässt sich auch für weitere Anwendungsbereiche einsetzen:

- zur Klärung für sich und mit Ihrem Vorgesetzten, bevor Sie eine neue Funktion übernehmen;
- zur Vorbereitung und klareren Sachargumentation im Fördergespräch mit dem eigenen Vorgesetzten oder mit dem eigenen Mitarbeiter;
- für die Festlegung von klaren Abmachungen mit neuen Mitarbeitern für die Probezeit und danach;
- bei problematischen Mitarbeitern, um mit Ihnen die Bereitschaft zur Mitarbeit zu klären, z. B. mit Mitarbeitern mit Alkoholproblemen, bei Leistungsabfall, vor Abmahnungen;
- bei Mitabeitern, die sie übernehmen müssen (bevor Sie sie übernehmen).

Ziele realisieren mittels Aktivitätenliste

Sie haben Ihre Ziele gefunden und formuliert. Dann beginnt jetzt die eigentliche Arbeit: sie umzusetzen. Andernfalls sind es keine Ziele, sondern nur Vorsätze. Damit Sie sich tatsächlich verändern und Ihre Ziele erreichen, arbeiten Sie mit einer Aktivitätenliste, in der Sie alle zur Zielerreichung notwendigen Aufgaben festhalten (siehe auch „Die Aktivitätenliste" im Kapitel „Wie Sie Ihre Zeit richtig managen").

Wozu eine Aktivitätenliste?

- Sie behalten stets den Überblick über alle anstehenden Aufgaben. Außerdem können Sie mit Hilfe dieses Instruments Ihre Aktivitäten besser überwachen und kontrollieren.
- Ihre Planung wird Realität und muss allen Widrigkeiten, die von außen auf Sie zukommen, standhalten.
- Jeder Mitarbeiter, jede Person ist in ein Tagesgeschäft eingebunden. Veränderungen und Entwicklungen müssen Sie zusätzlich in Ihren jetzigen Tages- und Wochenablauf einbauen. So stellen Sie sicher, dass Sie die gesteckten Ziele auch wirklich umsetzen.

Wie gehen Sie vor?

1 Aktivitäten planen und Prioritäten setzen

Sie stellen alle Aktivitäten, die Sie in der Zielformulierung definiert haben, zusammen. Sie überprüfen die einzelnen Aktivitäten bezüglich ihrer logischen Abhängigkeiten und bringen die einzelnen Aktivitäten in die Reihenfolge, wie sie anschließend abgearbeitet werden. Sie erstellen einen Ablaufplan/Netzplan.

Ein Engpass könnte für Sie selbst die zur Verfügung stehende Zeit sein, weil Sie z. B. neben Ihrem normalen Job nur zehn Stunden pro Woche für Ihre Weiterentwicklung zur Verfügung haben. Sie können die Aufgaben nur nach und nach abarbeiten.

Einen weiteren Engpass können die Voraussetzungen für die Umsetzung bestimmter Ziele bilden. Oft liegt die Bereitstellung solcher Voraussetzungen nicht in Ihrem Einflussbereich. Sie sind hier auf die Unterstützung von außen angewiesen. Damit die Bereitstellung der Voraussetzungen Sie nicht zu stark in der Zielumsetzung blockiert, planen Sie notwendige Aufgaben mit entsprechender Pufferzeit ein.

2 Aktivitätenliste überwachen und aktualisieren

Sie erstellen eine Liste, auf der Sie die einzelnen Aktivitäten und dazugehörigen Daten wie Priorität oder beteiligte Personen notieren. Mit Hilfe dieser Aktivitätenliste können Sie die Umsetzung aller Maßnahmen überwachen. Aktualisieren Sie die Liste in regelmäßigen Abständen.

Diese Liste eignet sich für dieselben Anwendungsbereiche, die für das Zielschema genannt wurden (siehe Seite 34):

- Klärungsgespräche mit Ihrem Vorgesetzten,
- Fördergespräche mit Ihrem Vorgesetzten oder mit eigenen Mitarbeitern,
- Abmachungen mit neuen oder übernommenen Mitarbeitern,
- Abmachungen mit problematischen Mitarbeitern.

Die Auflistung der Aktivitäten verschafft Transparenz

Datum	Prio-rität	Aktivität – Was?	Bis wann?	Wer?	OK?

Daneben können Sie die Aktivitätenliste einsetzen für eine detaillierte Aufgabenverteilung

- im Rahmen von Projektmanagement,
- im Rahmen von Teamarbeit und Coaching.

Veränderungsprozesse und ihr Verlauf – die Prozesskurve

Es ist alles in Bewegung. Veränderung ist angesagt - in vielen Lebensbereichen. Es gibt kaum jemanden, der sich nicht von Veränderungen betroffen fühlt. Das Einzige, was Bestand hat, ist der Wandel selbst.

Der Prozessverlauf im Überblick

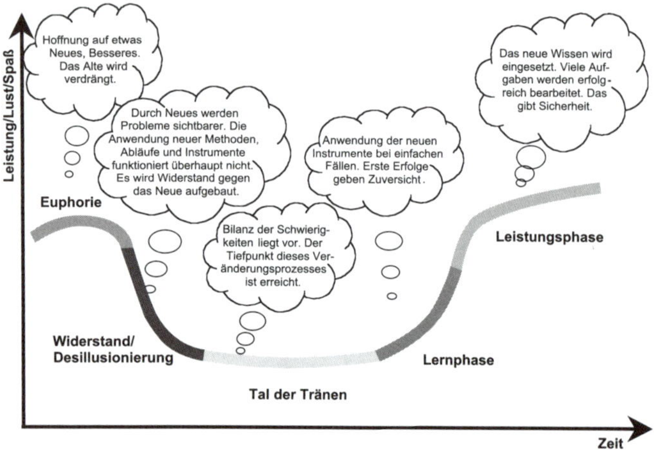

In vielen Trainings und Seminaren fanden wir heraus, dass es eine Möglichkeit gibt, den Verlauf von Veränderungen in ihrem Ablauf darzustellen. Diese Darstellung macht den Ablauf berechenbarer und sicherer und Sie sind weniger überrascht über die unterschiedlichen Erfahrungen.

Wir werden zuerst die Vorteile und dann die Inhalte der Phasen des Veränderungsprozesses darstellen.

Wer den Prozessverlauf kennt, hat Vorteile und ...

- ... kann sich an ihm orientieren und sein Handeln danach ausrichten. Er handelt nicht unkontrolliert.
- ... erkennt bestimmte Gefühlsentwicklungen und begegnet diesen wirkungsvoll.

- ... kann den anderen Betroffenen helfen, die Entwicklungen transparent zu machen. Auch sie lernen mit den Entwicklungen umzugehen.

Die Phasen des Veränderungsprozesses

1 Euphoriephase

Am Beginn einer Veränderung und von etwas Neuem steht meist eine Euphoriephase. Diese Phase ist vor allem durch die Hoffnung gekennzeichnet, dass jetzt alles anders wird, einfacher wird etc. Die Beteiligten freuen sich in der Regel auf die Verbesserungen. Sie glauben, dass mit Hilfe der Veränderung bestehende Probleme gelöst werden. Häufig besteht der Eindruck, dass von jetzt an alles besser wird und alle Probleme sich schlagartig lösen werden.

2 Desillusionierungsphase

An die Euphorisierungsphase schließt sich die Desillusionierung an. Es wird klar, dass das neue Wissen, das neue Instrument noch nicht so einfach eingesetzt werden kann. Es wird gleichzeitig auch klar, dass in der Vergangenheit Fehler gemacht wurden. Deutlich wird, dass das neue Instrument, das neue Verhalten oder die neue Situation doch noch nicht beherrscht wird und alles nicht so einfach ist – im Gegenteil.

Gleichzeitig erfolgt ein dauerndes Hinterfragen des Bisherigen. Das führt dazu, dass auch bisher bekannte Aufgaben schlechter oder mit mehr Widerstand ausgeführt werden können. In der Desillusionierungsphase werden mehr Fehler gemacht, es wird alles hinterfragt und es werden die Zusammenhänge weniger klar.

Kritisch ist hier, dass übervorsichtige und negativ denkende Menschen (Negaholiks oder Awfulizer = problemsuchende und nicht so sehr lösungsorientierte Menschen) in der Desillusionierungsphase bereits jetzt abbrechen wollen: Es kommen Aussagen wie: „Sehen Sie, ich sagte es ja schon vorher.", „Immer wieder was Neues.", „Man kommt ja gar nicht zum Arbeiten.", „Früher war das alles einfacher und ich weiß nicht, warum man alles so kompliziert machen muß."

Es tritt aber auch der Posiholik auf (Wortbildung von „positiv"). Dieser sieht nicht die Schwierigkeiten, die im Einzelnen auftauchen werden. Er sieht jegliche Veränderung von vorne herein als positiv an. Er sicht die Chancen und nicht so sehr die Risiken. Er sieht vor allem: Das ist etwas Neues, etwas „Tolles". Es fallen Worte und Sätze wie „Super!", „Kein Problem, das schaffen ... schon!", „Man muß einfach irgendwo einmal anfangen!", „Wir wollen doch nach vorn blicken!", „Was nützt es, immer nur nachzudenken, man muß auch etwas tun!"

3 Tal der Tränen

Der Tiefpunkt ist erreicht. Dem Betroffenen ist klar, dass er die Instrumente, Verhaltensweisen und Situationen noch nicht beherrscht, er hat aber Zuversicht, dass er es schafft. Es wird klar, dass das Können noch nicht da ist, dass es jedoch möglich ist, schrittweise und unter Anleitung dieses Wissen und diese Instrumentarien anzuwenden. Diese Phase kennzeichnet das Prüfen des Instrumentes in der Anwendung, wenn es der andere vormacht. Die Sammlung aller bestehenden Probleme und Schwierigkeiten ist gemacht und diese gilt es nun zu ordnen und deren Bearbeitung mit Hilfe von To Do-Listen festzulegen.

4 Lernphase

Es folgt die Lernphase, in der wieder mehr Zuversicht herrscht. In der Lernphase werden definitiv neue Verhaltensweisen, Instrumente oder Situationen angewendet – es herrscht allerdings noch Unsicherheit.

Die Instrumente werden angewendet und ausprobiert. Er ist sich selber noch unsicher, in welchen Situationen er sie anwenden kann. Wenn kritische Situationen auftauchen, hat er Mühe. Die Anwendung ist hier beschränkt auf einfache und klare Situationen. Der Lernende weiß, dass er hier noch nicht alles genau überblickt und unsicher ist.

5 Leistungsphase

Die letzte Phase ist die Leistungsphase. In der Leistungsphase werden das neue Wissen, Instrumente oder Verhaltensweisen umgesetzt und es macht dem Beteiligten wieder Spaß. Der Lernende ist in sich selber sicherer geworden. Er weiß, dass er jetzt wirklich etwas gelernt hat, was umsetzbar und praktikabel ist. Jetzt ist wieder Luft, eine neue Aufgabe zu lernen.

Warum ist es wichtig, den Prozessverlauf zu kennen?

- Wer den Prozessverlauf kennt, kann sich an ihm orientieren. Das Wissen über den Verlauf einer Veränderung erleichtert es, bei eigener Hilflosigkeit durch das „Tal der Tränen" nach vorne zu gehen. Es ist möglich, für sich bestimmte Extremsituationen zu definieren, die man durchschreiten will. Aufgrund dieser Definition erhält der Planende Kontrolle über sein Handeln in Extremsituationen.

- Wer den Prozessverlauf kennt, kann bestimmte Gefühlsentwicklungen erkennen und diesen wirkungsvoll begegnen.
- Wenn der Prozess den in der Zukunft davon Betroffenen dargestellt wird, werden ihnen bestimmte Entwicklungen transparent. Das hilft den Betroffenen, ebenfalls mit diesen Entwicklungen umzugehen.

Wie kann ich das Prozessmodell einsetzen?

Das Prozessmodell kann bei jeder Veränderung angewendet werden. Es ist hierbei unerheblich, ob dies eine Veränderung in Ihrem privaten oder in Ihrem beruflichen Umfeld betrifft, ob diese Veränderung eine einzelne Person oder eine Gruppe von Personen betrifft. Wenn Sie unsicher sind, reflektieren Sie einfach den Ablauf einer Veränderung aus Ihrem Umfeld, z. B Ihr letzter Arbeitsplatzwechsel, Ihr letzter Umzug etc.

Wir haben in der Realisierung eigener Veränderungsprozesse und in der Begleitung vieler Veränderungen folgende Hilfen für uns eingesetzt:

- Möglichst genau das Ziel für den Veränderungsprozess selbst formulieren.
- Für jede Phase des Veränderungsprozesses formulieren:

- das Ziel, die Aufgaben, die in dieser Phase zu bearbeiten sind und
- die Verhaltensweisen, die die Bearbeitung dieser Phase unterstützen.

Wo ist das Prozessmodell besonders wichtig?

Es ist insbesondere bei großen strukturellen Veränderungen (Fusion, strategische Allianz, Zusammenlegung von Abteilungen) notwendig, diesen Prozessablauf von vornherein aufzuzeigen.

- Es ist absolut notwendig, die Meilensteine dieser Veränderungen aufzuzeigen. Dadurch macht eine Unternehmensführung oder eine Führungseinheit deutlich, was die Merkmale der Veränderungen sein werden.
- Sie erklären, welche Instrumente für die Veränderungen eingesetzt werden. Die Beteiligten können abschätzen, was das Resultat dieser Veränderungen für jeden einzelnen auf der fachlichen wie auf der persönlichen Ebene bedeuten wird. Diese Transparenz trägt schließlich dazu bei, dass alle Beteiligten die Veränderungen akzeptieren.

Unzweifelhaft werden Veränderungen immer wieder notwendig sein. Wir können sie nicht einfach wegschieben. Daher halten wir es auch für notwendig, diese Veränderungen klar aufzuzeigen. Mit einer solchen Argumentation machen Sie deutlich, dass Sie den Prozessverlauf im Griff haben und klar vorhersehen, was wichtig ist.

Wie Sie Ihre Zeit richtig managen

Wozu Zeitmanagement?

„Nur wer sich selber organisiert, kann andere organisieren!"

Das persönliche Zeitmanagement ist eine sehr wichtige Komponente für ein erfolgreiches Selbstmanagement. Je mehr Zeit Sie für die wesentlichen Dinge nutzen können, um so besser sind Ihre Resultate. Das setzt voraus, dass Sie zum einen die wesentlichen Dinge und die unwesentlichen Dinge als solche identifizieren. Zweitens gilt es, Ihre Zeit für die wesentlichen Dinge zu nutzen und so wenig Zeit wie möglich mit unwesentlichen Dingen zuzubringen.

Die folgenden Instrumente werden Ihnen in vielen Situationen helfen sich zu organisieren und damit zu höherer Wirksamkeit gegenüber sich selbst, Ihren Vorgesetzten, Kollegen und, falls Sie eine Führungsfunktion haben, gegenüber Ihren Mitarbeitern zu kommen.

20 Vorteile konsequenten Zeitmanagements

1. Konzentration auf das Wesentliche
2. Reduzierung von Verzettelung
3. Unterscheidung zwischen wichtigen und weniger wichtigen Vorgängen
4. Entscheidung über Prioritätensetzung und Delegation
5. Ausschaltung von Vergesslichkeit
6. Rationalisierung durch Aufgabenbündelung
7. Abbau und Handhabung von Störungen und Unterbrechungen
8. Abbau von Stress und Nervenverschleiß
9. Gelassenheit bei unvorhergesehenen Ereignissen
10. Selbstdisziplin in der Aufgabenerledigung
11. Planung des bevorstehenden Tages
12. Ordnung des Tagesablaufes
13. Überblick und Klarheit über die Tagesanforderungen
14. Bessere Einstimmung auf den nächsten Arbeitstag
15. Verbesserung der Selbstkontrolle
16. Zeitgewinn durch methodisches Arbeiten („Goldene Stunde")
17. Erfolgserlebnisse am Tagesende
18. Erreichung der Tagesziele
19. Höhere Zufriedenheit und Motivation
20. Steigerung der Leistungsfähigkeit

Das Eisenhower-Prinzip: Was ist wichtig, was ist dringlich?

Eine wichtige Hilfe bei der Zielplanung ist das Eisenhower-Prinzip: die Unterscheidung in **Dringlichkeit** einerseits **und Wichtigkeit** andererseits.

Nicht alles, was dringlich ist, ist auch wichtig! Jeder kennt die Situation, dass derjenige, der am lautesten schreit oder am einflussreichsten ist, am ehesten bedient wird – und sei es nur, um ihn zur Ruhe zu bringen. Dies ist eine für die eigene Zielverfolgung gefährliche Sache. Schließlich müssen **Sie** Ihre Angelegenheiten unter Kontrolle halten, und nicht der lauteste Störer.

- Mit der Klärung von wichtigen und/oder dringenden Dingen (Aufgaben, Entscheidungen, etc.) steigern Sie Ihre Effektivität. Effektiv sein, bedeutet die richtigen Dinge zu tun.
- Die wichtigen Dinge sind entweder dringend oder nicht dringend. Sie müssen sie also entweder sofort bearbeiten oder planen.
- Die Anwendung der Priorisierung (Wichtigkeit) verhindert, sich mit Unwichtigem zu verzetteln, und hilft, dass die wichtigen Dinge nicht vergessen werden.

Wie gehen Sie vor?

Mit Hilfe des Eisenhower-Prinzips entscheiden Sie sofort, ob Sie die Aufgabe sofort, später oder gar nicht bearbeiten. Je nach hoher und niedriger Dringlichkeit und Wichtigkeit einer Aufgabe können Sie sehr einfach den Zeitpunkt der Bearbeitung einer Aufgabe festlegen.

Das Eisenhower-Prinzip sagt Ihnen, was wirklich wichtig ist

Wichtigkeit und Dringlichkeit	nicht dringlich	dringlich
wichtig	planen, möglichst selber machen 2	sofort selber machen 1 ....
unwichtig	sofort weg-werfen	delegieren oder nachrangig erledigen 3 ....

- Aufgaben, die wichtig und dringlich zugleich sind, bringen Ihnen bei guter und rechtzeitiger Bearbeitung sehr viele Vorteile. Diese Aufgaben müssen Sie selber und sofort erledigen.
- Aufgaben, die zwar für Sie wichtig, aber nicht dringlich sind, müssen Sie planen und später erledigen.
- Aufgaben, die zwar dringlich, aber für Sie nicht wichtig sind, sollten Sie nach Möglichkeit delegieren, oder, wenn das nicht möglich ist, nachrangig erledigen.
- Von Aufgaben, die weder wichtig noch dringlich sind, dürfen Sie sich nicht die Zeit rauben lassen. Werfen Sie sie in den Papierkorb. Oft erledigen sich solche Dinge von selbst.

Das Arbeitsprotokoll

Viele fühlen sich am Abend oder am Wochenende ausgelaugt und müde und haben trotzdem das Gefühl, wenig erreicht und geleistet zu haben. Hier leistet das Arbeitsprotokoll gute Hilfe: Es gibt Ihnen genaue Auskunft darüber, was Sie an welchem Tag wann und wo getan haben.

Wozu ein Arbeitsprotokoll?

- Das Arbeitsprotokoll verschafft Ihnen einen Überblick, wo eigentlich Ihre Zeit geblieben ist.
- Mittels eines Arbeitsprotokolls können Sie feststellen, ob und wo Sie Ihre Prioritäten hatten.
- Sie können überprüfen, ob die Prioritäten mit Ihren eigenen Absichten und Zielen übereingestimmt haben.

Wie gehen Sie vor?

Schreiben Sie an zwei festgelegten Tagen genau auf, was Sie alles machen. Wenn Sie das Arbeitsprotokoll jedes Jahr nur einmal einsetzen, erhalten Sie sehr schnell Klarheit, ob Sie Ihren Prioritäten folgen oder nicht.

Das Arbeitsprotokoll macht transparent, wo Ihre Zeit bleibt.

Datum:____________________ Ziele: ________________

08.00	5	10	15	20	25	30	35	40	45	50	55
09.00	5	10	15	20	25	30	35	40	45	50	55
10.00	5	10	15	20	25	30	35	40	45	50	55
11.00	5	10	15	20	25	30	35	40	45	50	55
12.00	5	10	15	20	25	30	35	40	45	50	55
13.00	5	10	15	20	25	30	35	40	45	50	55
14.00	5	10	15	20	25	30	35	40	45	50	55
15.00	5	10	15	20	25	30	35	40	45	50	55
16.00	5	10	15	20	25	30	35	40	45	50	55
17.00	5	10	15	20	25	30	35	40	45	50	55
18.00	5	10	15	20	25	30	35	40	45	50	55
19.00	5	10	15	20	25	30	35	40	45	50	55

Notieren Sie:

Besprechungen
Telefonieren
Plaudern und Zeit vergehen lassen
Verwaltungsaufgaben
Unterbrechung (= Störung)

Verkaufen
Telefongespräche
Chef
Beziehungsarbeit
Pause

Erst A, dann B, dann C

Wollen wir unsere Ziele erreichen, ist es wichtig, Prioritäten zu setzen. Wie häufig verzetteln wir uns und vertrödeln unsere Zeit mit Kleinigkeiten! Am Ende des Tages fragen wir uns, was wir eigentlich gemacht haben.

Priorität bedeutet, dass etwas Vorrang hat. In der Regel setzen wir Prioritäten in drei Stufen: A, B und C. Erledigen wir erst die Aufgaben mit A-Priorität, erreichen wir hier das beste Ergebnis, die größte Leistung, den größten Erfolg.

Machen Sie sich Folgendes klar:

- **Mit ca. 15 % Ihres Einsatzes an Zeit erreichen Sie etwa 65 %, d. h. zwei Drittel Ihrer Ergebnisse. Dies sind Ihre A-Aufgaben.**
- **Mit weiteren ca. 20 % Ihres Einsatzes an täglicher Arbeitszeit erreichen Sie gerade noch 20 % Ihrer Leistung.** Beim Bearbeiten einer B-Priorität erhalten Sie gerade das als Output, was Sie an Anstrengung hineinstecken.
- Wenn Sie C-Prioritäten erledigen, erhalten Sie nur einen Bruchteil an Ergebnissen. **Allerdings bringen Sie 65 % Ihrer Zeit damit zu, gerade noch 15 % Ihrer Ergebnisse zu erzielen (C-Aufgaben).**

■ *Nutzen Sie Ihre Zeit optimal für A-, B- und C-Aufgaben. Dann erreichen Sie ein hundertprozentiges Ergebnis. Verbringen Sie aber auf keinen Fall den größten Teil Ihrer Zeit mit C-Aufgaben. Dann kommen Sie nie auf hundert Prozent Leistung!* ■

Wie setze ich Prioritäten?

Ordnen Sie alle verrichteten Aufgaben Ihres Arbeitsprotokolls nach der Reihenfolge des Wertes, d. h. ihrer **Wichtigkeit** (nicht aber ihrer **Dringlichkeit**):

1 A-Aufgaben vorrangig behandeln!

Die oberen 15 % der Aufgaben sind die A-Aufgaben, d. h. es sind jene Aufgaben, denen Sie täglich auch etwa 15 % Ihrer Zeit geben sollten. Die Aufgaben haben in der Planung der Zeit absoluten Vorrang. Sie erzielen mit diesen eine hohe Effizienz (ca. 65 % Ihrer Leistung).

2 B-Aufgaben auch delegieren!

Die mittleren Aufgaben, die B-Aufgaben, machen 20 % der bearbeiteten Aufgaben aus. Bei den B-Aufgaben bedenken Sie, welche Sie selber bearbeiten und welche delegiert werden können. Sie dürfen keineswegs aufgrund von B-Aufgaben die A-Aufgaben vernachlässigen. Für die B-Aufgaben sollten Sie ca. 20 % der Arbeitszeit einplanen.

3 C-Aufgaben sind Routine

Die restliche Arbeitszeit (65 %) planen Sie für die Erledigung der täglichen Routineaufgaben ein. Auch diese Zeit müssen Sie versuchen einzuhalten, denn sie dient der Abwicklung von Detailgeschäften. Je mehr C-Aufgaben Sie aufschieben können, desto besser! Sie erledigen sich unter Umständen von selbst. Denken Sie immer daran: Wichtigkeit geht vor Dringlichkeit.

Prioritäten erkennen mit der ABC-Analyse

Prioritätensetzung

Leistung / Wirkung / Gewinn / ...

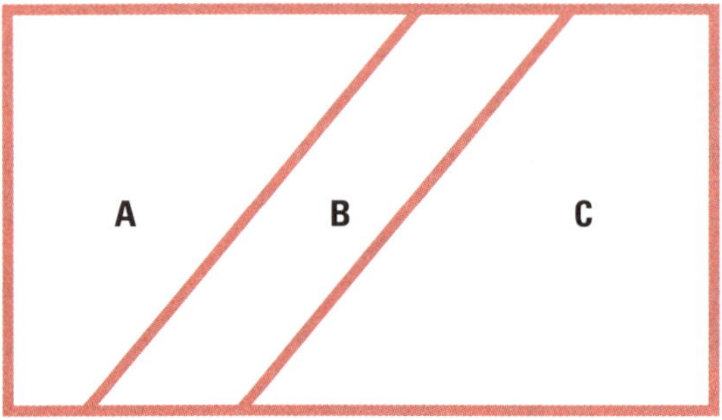

Aufwand / Ziele / Mitarbeiter / Kunden / Produkte

Prioritäten

15 % der Aufgaben sind A-Aufgaben, bewirken 65 % an Ertrag und brauchen ca. 15 % der eigenen Zeit

20 % der Aufgaben sind B-Aufgaben, bewirken 20 % an Ertrag und brauchen ca. 20 % der eigenen Zeit

65 % der Aufgaben sind C-Aufgaben, bewirken 15 % an Ertrag und brauchen ca. 65 % der eigenen Zeit

Die ABC-Analyse zeigt, dass Sie immer einen kleinen Teil des Tages für wichtige Aufgaben reservieren müssen, sonst verzetteln Sie sich im operativen Durcheinander.

Leistungsfresser erkennen und eliminieren

Leistungsfresser sind meistens Personen oder Tätigkeiten, die viel Zeit in Anspruch nehmen, uns unglaublich auf die Nerven gehen und uns am Ende mit wenig Ergebnissen frustriert zurücklassen. Sie können Leistungsfresser jedoch leicht ausschalten, indem Sie einen Selbsttest durchführen.

- Er hilft Ihnen, unangenehme Störfaktoren zu erkennen. Sie lassen es dann nicht mehr zu, dass diese Störer Sie unterbrechen oder Ihre Arbeit blockieren.
- Sie ärgern sich nicht immer wieder über dasselbe Problem.

Wie gehen Sie vor?

Damit Sie die Fresser eliminieren können, müssen Sie zuerst eine Selbstanalyse durchführen. Sie fragen sich dabei offen und ehrlich, für welche Aufgaben oder Personen Sie viel Zeit und Nerven investieren, ohne dabei irgendetwas Produktives herauszuholen.

Nutzen Sie dafür den Selbsttest auf der folgenden Seite.

Der Selbsttest ermittelt Ihre großen Leistungsfresser

		nie	selten	oft	immer
1	Können Sie bei Ihrer Arbeit kürzer telefonieren?	❐	❐	❐	❐
2	Könnten Sie Ihre Führungsarbeit mehr systematisieren?	❐	❐	❐	❐
3	Könnten Sie mit Ihren Mitarbeitern klarere Abmachungen treffen?	❐	❐	❐	❐
4	Könnten Sie Ihre Besprechungen besser vorbereiten?	❐	❐	❐	❐
5	Könnten Sie weniger/andere Transportmittel nutzen?	❐	❐	❐	❐
6	Könnten Sie anderen Personen wichtige Dinge übertragen?	❐	❐	❐	❐
7	Könnten Sie mehr technische Hilfsmittel einsetzen?	❐	❐	❐	❐
8	Könnten Sie Informationsaustausch bündeln?	❐	❐	❐	❐
9	Könnten Sie mehrere Wege in wenige bündeln?	❐	❐	❐	❐
10	Lassen Sie sich von anderen Ihre Leistung fressen?	❐	❐	❐	❐

Wenn Sie sich jetzt die Checkliste ansehen, dann werden Sie feststellen, dass Sie sich bei bestimmten Personen oder Tätigkeiten viel Zeit von anderen oder von sich selbst „fressen" oder „stehlen" lassen. Verhindern Sie dies, indem Sie Ihre Zeit nach Ihren Bedürfnissen und Zielen planen und sich Zeit nicht „wegnehmen" lassen. Lassen Sie die Leistungsfresser aus Ihrem Leben verschwinden, indem Sie sie identifizieren und eliminieren. Das Leben wird sonst noch hektischer! Es ist Ihre einzige Zeit! Sie erhalten Ihre Zeit nicht noch einmal in Ihrem Leben!

Leistungsfresser sind Personen, die Ihre Leistung zerstören

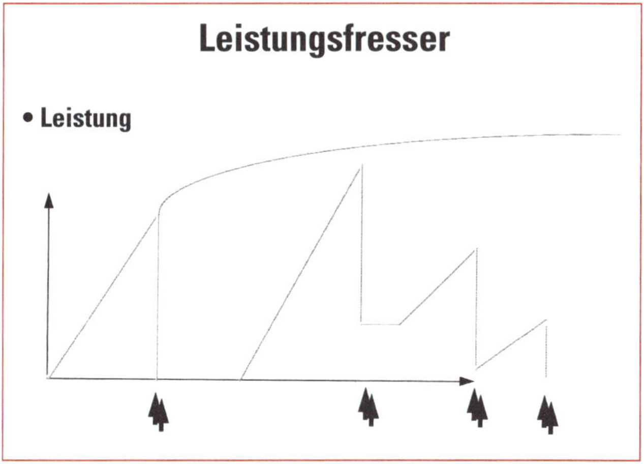

Jede Unterbrechung während der Bearbeitung einer Aufgabe kostet Sie Zeit und Geld. Nachdem die Unterbrechung vorbei ist, müssen Sie sich erneut in die Aufgabe hineindenken. Sie können erst nach dieser Aufwärmphase an dem Punkt weitermachen, an dem Sie vorher unterbrochen wurden.

Planen Sie den Tag mit Alpen!

Eines der wichtigsten Instrumente für effektives Arbeiten ist der Tagesplan. Ein realistischer Tagesplan enthält grundsätzlich nur das, was Sie an diesem Tag erledigen wollen, müssen und vor allem auch können! Je mehr Sie die gesetzten Ziele für erreichbar halten, um so mehr mobilisieren Sie auch Ihre Kräfte und konzentrieren sie darauf, diese Ziele zu erreichen.

Wozu Tagespläne?

- Sie enthalten alle Aktivitäten, die Sie an einem Tag abarbeiten wollen. Sie müssen Sie in der verfügbaren Zeit erledigen können.
- Sie verschaffen Ihnen einen schnellen Überblick und stellen sicher, dass Sie nichts vergessen.
- Sie konzentrieren den Blick auf das Wesentliche. Damit bannen Sie die Gefahr, sich zu verzetteln!

Was bedeutet Tagesplanung nach der Alpen-Methode?

Gerade wenn Sie meinen, in Arbeit zu ersticken, resignieren Sie nicht! Gehen Sie nach der ALPEN-Methode vor.

- Die Alpen-Methode hilft Ihnen, Ihren Tag systematisch zu planen, und zwar in fünf Stufen. Die Methode ist relativ einfach und erfordert nach einiger Übung nicht mehr als durchschnittlich fünf bis zehn Minuten tägliche Planungszeit.
- Sie ist darüber hinaus leicht zu behalten, da ihre Anfangsbuchstaben einen gegenständlichen Begriff wiedergeben.

Die Alpen-Methode hilft der Übersicht:

A	**A**lles aufschreiben
L	**L**änge schätzen
P	**P**ufferzeiten einplanen
E	**E**ntscheiden: Priorität
N	**N**achkontrolle

1 Alles aufschreiben

Sammeln Sie alle Aktivitäten. Dazu gehören Aufgaben, Termine, Tagesarbeiten, Unerledigtes.

2 Länge schätzen

Für alle Tätigkeiten schätzen Sie den Zeitbedarf.

3 Pufferzeiten einplanen

Es gilt die Regel, dass Sie nur 60 % Ihrer Tageszeit fix verplanen und 40 % Ihrer Tageszeit für Unvorhergesehenes reservieren (60:40-Regel). Wenn Ihnen dies zu hoch gegriffen erscheint, arbeiten Sie zunächst eine Zeitlang mit dieser Regel und prüfen Sie dann, welcher Quotient Ihrer Erfahrung nach für Sie richtig ist.

4 Entscheidung: Priorität

Setzen Sie Prioritäten, kürzen Sie Besprechungen, delegieren Sie Aufgaben und Termine.

5 Nachkontrolle

Am Ende eines Arbeitstages überprüfen Sie Ihren Tagesplan. Alle unerledigten Aufgaben übertragen Sie entweder auf einen der kommenden Tage oder in Ihre Aktivitätenliste (siehe auch das folgende Kapitel „Zeitplaner").

Zeitplaner

Zeitplaner, egal ob elektronische Organizer oder Terminplaner in Buchform, sind weit mehr als einfache Terminkalender. Sie sind ein Führungsinstrument für die Zeit- und Zielplanung. Ein Zeitplaner enthält Termine, Aktivitätenlisten, Prioritäten, Tagespläne, Wochen- und/oder Monatsübersichten, Jahresübersichten und sonstige wichtige Informationen. Zeitplaner lassen sich vielfältig nutzen: als Terminkalender, Notizbuch, Planungsinstrument, Erinnerungshilfe, Adressbuch, Ideenspeicher und Kontrollwerkzeug.

Welche Vorteile bieten Zeitplaner?

- Sie geben einen Überblick über anstehende Aufgaben (Aktivitätenliste) und geplante Termine (Tages-, Monats- und Jahresplan).
- Sie dienen als Planungsinstrument, indem Sie anstehenden Aktivitäten Prioritäten zuordnen und die Aufgaben dann in Ihrer Tagesplanung bzw. Monatsplanung berücksichtigen.
- Da Sie Kontakte und Aktivitäten konkret mit Terminen versehen haben, ist es für Sie einfach, am Ende eines Tages, einer Woche oder eines Monats Bilanz zu ziehen. Sie erkennen sehr schnell, welche Aufgaben erledigt sind und welche noch anstehen.
- Das Zeitplanbuch unterstützt Sie bei der Nachkontrolle.

Wie gehen Sie vor?

1 Alle für Sie relevanten Aktivitäten erfassen Sie in einer Aktivitätenliste.

2 Sie ordnen die Aktivitäten. Strukturierungsmerkmale sind Fertigstellungstermin und logische Zusammengehörigkeit von mehreren Aktivitäten.

3 Sie schätzen die Bearbeitungszeit der einzelnen Aktivitäten.

4 Sie setzen Prioritäten.

5 Termine tragen Sie im Tages-, Monats-, Jahresplan ein. Termine im Monats- bzw. Jahresplan haben Erinnerungscharakter.

6 Sie machen die Tagesplanung. Spätestens am Vortag planen Sie Ihren nächsten Tag. Dadurch erhalten Sie Transparenz und Klarheit über die Anforderungen des nächsten Tages. Als Basis dient Ihnen Ihre Aktivitätenliste. Darin sehen Sie, bis wann eine Aufgabe bearbeitet sein muss und wie wichtig eine bestimmte Aufgabe ist.

7 Sie halten sich bewusst ca. 40 % der Zeit pro Tag frei für Unvorhergesehenes.

8 Aktivitäten, Kontakte, die Sie noch nicht konkret terminieren können/wollen, notieren Sie in der Aktivitätenliste ohne Termin.

9 Am Ende eines Tages überprüfen Sie Ihren Tagesplan. Alle nicht erreichten Tagesziele werden bei der nächsten Tagesplanung noch mal berücksichtigt.

10 In einem für Sie geeigneten Rhythmus überprüfen Sie Ihre Aktivitätenliste. Dieser Rhythmus kann z. B. wöchentlich sein. Alle erledigten Aktivitäten erhalten den Status „erledigt“, alle Aktivitäten, deren Termin bereits erreicht ist und die noch nicht bearbeitet sind, müssen neu terminiert werden.

Anruferliste

Wer mit seiner Zeit effektiv umgehen will, sollte auch eine Anruferliste führen. In dieser Liste werden alle eingegangenen Anrufe festgehalten und definiert, was zu tun ist. Die Anruferliste bietet eine ganze Reihe von Vorteilen:

- Sie baut die Zettelwirtschaft ab und erfasst die Anrufe systematisch.
- Sie kanalisiert gleich beim Anruf die wichtigen Informationen.
- Sie kann Ihnen unterwegs nachgefaxt werden. Das erspart lästiges Nachfragen, Nachtelefonieren und spart Kosten.

Wie gehen Sie vor?

Lassen Sie alle eingehenden Anrufe, die jemand anderes für Sie entgegennimmt, auf der Anruferliste eintragen. Natürlich können Sie eine solche Liste auch für einen Kollegen oder einen Vorgesetzten führen. Achten Sie darauf, dass aus der Liste folgende Punkte ersichtlich sind:

- wer wann angerufen hat
- die Telefonnummer, unter der ich die Person zurückrufen kann
- was der Anrufer wollte
- mit welchen Aktivitäten ich auf den Anruf reagiere

Die Anruferliste sammelt alle Telefonnachrichten

Datum/ Uhrzeit	Anrufer	Nummer	Thema	Aufgabe

Aktivitätenliste

In der Aktivitätenliste halten Sie alle Aufgaben fest, die in Ihrer Verantwortung liegen. Sie dient dazu,

- die Zettelwirtschaft abzubauen und alle wöchentlichen Aufgaben im Überblick darzustellen;
- die eigenen Kräfte immer wieder zu konzentrieren, Verzettelung zu verhindern;
- Sie laufend an Kernaufgaben zu erinnern.

Wie gehen Sie vor?

1. Tragen Sie jede Aktivität, für die Sie verantwortlich sind, in Ihre Aktivitätenliste ein.
2. Versehen Sie jede Aktivität mit einem Fertigstellungstermin.
3. Ordnen Sie jeder Aktivität eine Priorität zu.
4. Überprüfen Sie bei Ihrer regelmäßigen Tages-, Wochen- und Monatsplanung Ihre Liste. Fügen Sie neue Aktivitäten hinzu. Erledigte erhalten den Status „o.k.". Aktivitäten, deren Fertigstellungstermin bereits überschritten ist, terminieren Sie neu.
5. Aktivitäten, für die Sie verantwortlich sind, die Sie jedoch nicht unbedingt selbst erledigen müssen, können Sie – falls möglich – an jemand anderen delegieren. Für die Terminüberwachung sind jedoch Sie zuständig.

Die Aktivitätenliste schafft Überblick und Ordnung für Ihre Aufgaben

Datum	Prio-rität	Aktivität Was?	Bis wann?	Wer?	O.K.?

So bewältigen Sie Stress

Grundsätzlich gilt: Stress ist etwas Selbstgemachtes. Die Erfahrung aus Workshops und Unternehmensberatungen zeigt deutlich, dass viel Stress mit mangelhafter Planung und Disziplin zusammenhängt. Bei schlechter Planung handeln viele nach dem Motto: „Nachdem ich das Ziel aus den Augen verloren habe, muss ich meine Anstrengungen verdoppeln."

Wozu Stressmanagement?

- Wer gut plant, kann Stress besser vorbeugen. Bereiten Sie beispielsweise Gespräche vor, wissen Sie bereits im voraus, wie sie ablaufen werden.
- Die innere Sicherheit hilft über viele Hürden hinweg, die im Arbeitsalltag immer wieder auftauchen.

- Bei mangelhafter Planung investieren Sie viel Zeit in die Beseitigung von Fehlern und Mängeln. Außerdem sind Sie ständig damit beschäftigt, sich über sich selbst zu ärgern. Investieren Sie Ihre Zeit besser!

Wie gehen Sie vor?

Beachten Sie einfach die folgenden Tipps, wenn Sie Ihre Arbeit planen. Sie werden sehen: Stress lässt sich vermeiden, wenn Sie es nur wollen!

Eine Liste für effiziente Planungsarbeit

1. Die Zeitplanung wird zumeist auf der Monats-, Wochen-, Tages- und Stundenebene durchgeführt. Wenn wir allerdings bestimmte Lebens- oder Berufsziele verfolgen, können und müssen wir auch versuchen, über Jahre hinaus zu planen.
2. Planen Sie einen überschaubaren Zeitabschnitt. Je weiter in der Zukunft geplant wird, desto unsicherer ist zumeist die Erfüllung dieser Pläne.
3. Planen Sie schriftlich! Nur was tatsächlich aufgeschrieben ist, ist überschaubar. Nur wenige Menschen können alles im Gedächtnis behalten. Außerdem motiviert das Aufgeschriebene, die Dinge auch durchzuführen.
4. Planen Sie am Ende des Tages, der Woche und des Monats jeweils für den folgenden Zeitabschnitt.
5. Wählen Sie keinen zu kurzen Zeitabschnitt für Projekte. Die Planung dient ja der Übersicht, Zeiteinteilung und Arbeitsvorbereitung.
6. Planen Sie auf jeden Fall für jeden Tag, jede Woche und jeden Monat! Die Zeit fließt, und nur wenn wir zusammenhängende,

fixierte Strukturen bilden können, erhalten wir einen Überblick. Ein ungeplanter Arbeitstag ist ein verlorener Tag!

7 Bestimmen Sie den Zeitbedarf für jede Arbeit. Nur Planung erlaubt auch Kontrolle!

8 Fassen Sie gleichwertige geistige Arbeiten zusammen. Hatten Sie schon einmal die Gelegenheit, sich von einer Aufgabe auf eine völlig andere einzustellen? Von einem technischen Problem auf ein soziales umzusteigen, braucht eine gewisse Zeit. Um die geistige Adaptionszeit herabzusetzen, sollten Aufgabenpakete mit gleichem Inhalt (oder gleicher Sprache) geschaffen werden.

9 Fassen Sie Arbeiten am gleichen Ort zusammen. Wegzeiten sind meistens Leerzeiten. Anstatt beispielsweise mit jedem Stück Papier zum Kopierer zu gehen, sollte man nur einmal am Tag kopieren. Durch „Wanderschaft" gehen viele Arbeitsstunden verloren.

10 Vermeiden Sie Wartezeiten. Das halbe Leben besteht aus Warten. Wir warten

- darauf, mit dem Kunden/Mitarbeiter zu sprechen;
- auf Unterlagen, die wir zur Weiterarbeit benötigen;
- bis die Telefonleitungen frei sind;
- bis wir zum Chef können;
- bis wir irgendwo (Behörde, Arzt) vorgelassen werden;
- bis der PC gestartet ist oder
- bis das Auto gewaschen ist.

11 Legen Sie die Termine fest. Berücksichtigen Sie alle bisherigen Ausführungen. Tragen Sie in Ihrem Zeitplan zuerst die festen Verpflichtungen, anschließend die wichtigen, aber zeitlich nicht gebundenen Tätigkeiten und schließlich die übrigen Aufgaben ein.

12 Überprüfen Sie, ob Sie an alles gedacht haben.

13 Stimmen Sie Ihren Zeitplan mit allen an Ihrem Aufgabengebiet Beteiligten ab.

14 Schaffen Sie Sprechzeiten. Viele Gespräche können dann besser kanalisiert werden.

15 Viele „Büromenschen" erledigen ihre beste Arbeit vor dem eigentlichen Dienstanfang oder nach Dienstschluss. Viele Tätigkeiten werden im Laufe des Tages durch andere Menschen oder Sachzwänge (!) unterbrochen. Es kommt zum Sägezahneffekt. Er kostet bis zu 28 % der Arbeitsleistung: Durch Unterbrechungen wird die Leistungsfähigkeit immer wieder für die gerade zu bearbeitende Aufgabe herabgesetzt. Man braucht Zeit, um wieder in die Arbeit hineinzukommen. Es gibt dazu mehrere Lösungswege:

16 Schaffen Sie sich stille Stunden während des Tages, in denen Sie ungestört wichtige A-Arbeiten erledigen können.

17 Schaffen Sie sich solche Zeiten, in denen Sie für andere Zeit haben (Telefon, Anfragen, kurze Besprechungen): grünes Zeitsignal.

18 Schaffen Sie sich solche Zeiten, in denen Sie nicht erreicht werden können und dürfen: rotes Signal. Richten Sie auch Ihre Terminplanung auf diese Zeiten aus.

19 Die stillen Stunden müssen Sie auf eine Zeit des Tages legen, in der Sie sowieso schon relativ wenig gestört werden! Meistens ist dies kurz nach der Mittagspause oder am frühen Morgen. Das kann aber individuell verschieden sein.

20 Versuchen Sie die ewigen Störer abzuhängen, indem Sie das Telefon während der störungsfreien Zeit abstellen. Sie können sich auch mit dem Anrufer kurz auf einen Rückruf einigen. Sie können ansonsten evtl. ihr Büro abschließen oder einen anderen Schreibtisch suchen, bis man sich an Ihre „neue Mode" gewöhnt hat.

21 Hängen Sie ein Schild an die Tür, wenn Sie nicht gestört werden wollen, z. B. „Bitte nicht vor 10.30 Uhr stören! Danke", „Sprechstunde von 10–11. Danke".

22 Legen Sie Listen an für alles, was Ihre Planung betrifft. Sie behalten so einen Überblick über das zu Erledigende und über die möglichen Störfaktoren darin. Sie können einen TAGESPLAN, eine STÖRLISTE, MONATSLISTE, TELEFONLISTE, PRIORITÄTENLISTE und eine TERMINLISTE anfertigen.

23 Gönnen Sie sich Pausen. Sie dienen der Erholung und geben wieder Kraft.

24 Gönnen Sie sich jeden Tag etwas, das Ihnen Freude macht.

25 Überlegen Sie, wie Sie auch in Ihrer Firma zeitraubende Aktivitäten verringern können.

26 Bündeln Sie Detailaufgaben. Wenn Sie eine kleine Aufgabe erhalten, schreiben Sie sie sofort auf. Gruppieren Sie sie, wie Sie wollen.

- Wenn Sie dann mehrere Aufgaben gebündelt haben und in Ihrem Zeitplan einmal ein Loch entsteht, dann erledigen Sie die kleinen und kleinsten Aufgaben in einem Block (C).
- Streichen Sie erledigte Kleinstaufgaben.

27 Denken Sie über die Tätigkeiten nach, die Sie verrichten. Jede Tätigkeit ist gewissermaßen manipuliert. Gerade Gewohnheiten hindern am Nachdenken und kreativen Schaffen.

28 Hängen Sie die Liste auf!

Wie Sie effektiv mit anderen zusammenarbeiten

Bereiten Sie Gespräche vor!

Wie häufig sitzen wir stundenlang in Besprechungen und fragen uns schließlich: Was hat uns diese Marathonsitzung eigentlich gebracht? Wer sich selbst zu managen gelernt hat, kann solchen unproduktiven Gesprächen jedoch gut vorbeugen. Die Tipps für die Besprechungsvorbereitung, die wir Ihnen im Folgenden geben, eignen sich für jedes Gespräch oder jede Verhandlung, seien sie informeller oder formeller Art. Auch bei der Vorbereitung von Gesprächen arbeiten Sie mit Zielformulierungen.

Warum sind Ziele für Gespräche wichtig?

In jeder Gesprächssituation gibt es Ziele, die Sie auf jeden Fall erreichen müssen: Wir nennen sie „Mussziele". Darüber hinaus gibt es aber auch negative Punkte, die es auf jeden Fall zu vermeiden gilt.

Beispielsweise reagieren Sie oder Ihr Gesprächspartner auf bestimmte Zielvorstellungen empfindlich. Daher ist es wichtig, diese zu kennen und zu vermeiden. Die Vorbereitung auf ein Gespräch schließt folglich mit ein, dass wir uns auch mit der eigenen Position und der des Verhandlungspartners ernsthaft auseinander setzen.

Wozu Gespräche vorbereiten?

Die Gesprächsvorbereitung hat viele Vorteile:

- Durch die Zielformulierung erschließen Sie sich wesentliche Informationen und Meinungen des Gesprächspartners.
- Sie konzentrieren sich auf das Wesentliche in einem Gespräch. Dadurch werden Sie weniger Opfer von Zufallsdiskussionen.
- Sie werden nicht mit Argumenten konfrontiert, die Sie überraschen und dann Stress verursachen. Ihr Kopf bleibt frei.
- Sie müssen sich nicht darüber ärgern, dass Sie bestimmte Punkte und Argumente Ihres Verhandlungspartners hätten vorausahnen müssen.

Formulieren Sie Ziele für Ihr Gespräch!

Thema: ____ Teilnehmer: ____ Datum/Ort:___ Sonstiges: ___

1 Was ist mein Hauptziel?
2 Welche Punkte könnten/müssen zur Sprache kommen?
3 Welche Entscheidungen könnten/müssen getroffen werden?
4 Was muss ich erreichen?
5 Was möchte ich erreichen?
6 Was muss ich vermeiden?
7 Was möchte ich vermeiden?
8 Was muss mein Gesprächspartner erreichen?
9 Welche Ziele decken sich?
10 Wo liegen unsere möglichen Zielkonflikte?

Beispiel: Gesprächsvorbereitung

Thema: Mitarbeiterbeurteilung und Weiterentwicklung
Teilnehmer: Sticker, Taylor
Termin/Ort: 20.01.2003/11.30, sein Büro
Sonstiges: Unterlagen für Vorbereitung am 7.1. abgeben

1 Was ist mein Hauptziel bei der Besprechung?

- letzte Abmachungen überprüfen
- Klärung der Mitarbeiterbeurteilung
- nächste Schritte gemeinsam festlegen

2 Welche Punkte könnten/müssen zur Sprache kommen?

- Der bisherige Weg war gut und die zuletzt getroffenen Abmachungen im Fördergespräch wurden von ihm eingehalten.
- Ich will seine Meinung zu meiner Einschätzung haben.
- Möglichkeiten aufzeigen.
- Will er bleiben? Stimmt sein Zeitplan mit meinem überein?

3 Welche Entscheidungen könnten/müssen getroffen werden?

- Obere Punkte: Termine? Kurse und weitere Aufgaben: besondere Ausbildungsmaßnahmen
- Welche Schwerpunkte sollen gesetzt werden?

4 Was muß ich erreichen (Mussziel)?

- Klarheit und Vertrauen
- Klärung: Steht etwas gegen die Mitarbeiterbeurteilung/Laufbahnentwicklung sowie die verbundenen notwendigen Fördermaßnahmen?

5 Was möchte ich erreichen (Wunschziel)?

- Der Mitarbeiter schlägt den weiteren Weg selber vor und ist bereit, sich hineinzuknien.

6 Was muss ich vermeiden?

- Ausübung von Zwang
- Es darf nicht auf einen Wunsch nach einer Beförderung hinauslaufen.
- Es darf nicht auf Alibimaßnahmen oder etwa einen Anspruch auf bestimmte Maßnahmen hinauslaufen.

7 Was möchte ich vermeiden?

- Eindruck, mein Ziel mit allen Mitteln erreichen zu wollen.

8 Was muss mein Gesprächspartner erreichen?

- Klare Informationen über unsere Einschätzung von ihm selber
- Klarheit über das weitere Vorgehen, das wir mit ihm planen

9 Welche Ziele decken sich?

- Klarheit der Inhalte

10 Wo liegen unsere möglichen Zielkonflikte?

Gekonnt präsentieren und vortragen

Präsentationen und Vorträge laufen nach dem Prinzip der 1-Weg-Kommunikation ab: Sie senden Informationen an Ihre Zuhörer, die jedoch nicht direkt reagieren. Beispielsweise wollen Sie mit Ihrem Vortrag ein Produkt verkaufen und schildern den Anwesenden seine Vorteile. Um so mehr müssen Sie den Zuhörern, die in der „passiven" Rolle bleiben, einiges bieten: eine klare Argumentation, spannende Inhalte und natürlich – gute Unterhaltung! Sie sehen: Es hängt ganz von Ihnen ab, ob die Zuhörer „dran bleiben" oder abschalten. Merken Sie sich: Als Vortragender haben Sie das Steuer in der Hand. Das bedeutet auch, dass Sie der Pilot sind, der Sicherheit vermitteln und Unsicherheit abbauen kann.

Wozu Präsentationen und Vorträge vorbereiten?

- Bei der Vorbereitung einer Präsentation oder eines Vortrags definieren Sie den roten Faden für Ihre Vorstellung. Der rote Faden hilft Ihnen bei der Präsentation im Sinne einer Stütze. Der rote Faden hilft auch den Zuhörern im Sinne von Klarheit und Übersichtlichkeit.
- Durch eine gute Vorbereitung Ihrer Präsentation können Sie ganz gezielt Nervosität abbauen. Nach der Vorbereitung ist absolut klar, was Ihre wesentliche Botschaft sein soll und welche Inhalte Ihre Präsentation vermittelt.
- Während der Vorbereitung stellen Sie Ihre Werkzeugkiste zusammen, die Sie mit in die Präsentation nehmen. Durch klare Ziele, eine gute Gliederung und visuelle Hilfsmittel überzeugen Sie Ihre Zuhörer und wirken als kompetenter Referent.

Wie gehen Sie vor?

1 Nehmen Sie sich die folgende Checkliste vor und überprüfen Sie Ihren Präsentationsstil.

2 Vor einer Präsentation: Nutzen Sie das Instrument zur Vorbereitung.

3 Nach einer Präsentation: Geben Sie sich selber Feedback und lassen Sie sich welches geben.

4 Üben, üben, üben. Bereiten Sie sich sauber vor, konzentrieren Sie sich auf wesentliche Punkte und nehmen Sie jede Chance wahr, vor anderen zu sprechen und zu präsentieren. Ihre Nervosität wird Ihnen selten jemand ansehen.

Checkliste: Anregungen zum Vortrag

EINLEITUNG

1 Machen Sie Ihren Zuhörern als erstes klar, worum es geht:

- ✓ Nennen Sie das Thema.
- ✓ Geben Sie eine Grobgliederung an.
- ✓ Weisen Sie auf den Sinn oder das (Lern-)Ziel hin.

2 Wecken Sie das Interesse Ihrer Zuhörer:

- ✓ Nehmen Sie Bezug auf aktuelle Ereignisse.
- ✓ Weisen Sie auf Probleme hin.
- ✓ Bringen Sie praktische Beispiele.
- ✓ Kommen Sie aber möglichst bald zur Sache.
- ✓ Die Einleitung darf nicht zu lang sein.
- ✓ Fördern Sie die Aufmerksamkeit der Zuhörer durch Blickkontakt und lebhafte Sprechweise.

HAUPTTEIL

3 Helfen Sie Ihren Zuhörern, die Gliederung des Stoffes zu erkennen:

- ✓ Nehmen Sie während des Vortrages auf die Grobgliederung Bezug und ergänzen Sie diese durch Unterpunkte.
- ✓ Nutzen Sie die Möglichkeiten zur akustischen Gliederung durch Betonung und Sprechpausen.

4 Helfen Sie Ihren Zuhörern beim Verstehen und Einprägen wichtiger Punkte:

- ✓ Bevorzugen Sie Einfachheit in Wortwahl und Satzbau.
- ✓ Bemühen Sie sich um Prägnanz, um kurze, klare und verständliche Aussagen.
- ✓ Erklären Sie möglichst anschaulich und verwenden Sie Skizzen, Modelle, Statistiken, Tabellen, die übersichtlich und gut lesbar sind. Nutzen Sie möglichst mehrere Möglichkeiten zur Visualisierung.
- ✓ Heben Sie die Schwerpunkte akustisch hervor.

ABSCHLUSS

5 Kommen Sie am Ende zu einem überzeugenden Abschluss:

- ✓ Geben Sie bei längeren Darstellungen eine kurze Zusammenfassung (keine Wiederholung).
- ✓ Vermeiden Sie ein abruptes Abbrechen.
- ✓ Je nach Themenstellung
  - weisen Sie am Schluss auf Konsequenzen oder Nutzen bei der Anwendung hin,
  - richten Sie einen Appell an die Zuhörer oder
  - geben Sie einen Ausblick auf die mögliche Entwicklung in der Zukunft.

Rezepte gegen Lampenfieber

Lampenfieber ist die innere Unsicherheit vor einer Redesituation. Unsicherheit ist immer ein Symptom für etwas Ungeklärtes: Wer ist da? Welche Fragen kommen? Werde ich auseinander genommen? Mache ich mich ausreichend verständlich? Lampenfieber ist ein Signal für Überforderung.

Gesundes und schädigendes Lampenfieber

Lampenfieber kommt von innen. Schädigendes – disstressendes – Lampenfieber verschlechtert die Redeleistung. Es blockiert und lässt einen vor dem Publikum zittrig, dumm und inkompetent erscheinen. Ungesundes Lampenfieber ist die Hölle und wie eine innere Wand, gegen die ein Redner läuft.

Gesundes Lampenfieber ist der Motor einer guten Leistung. Gesundes – eustressiges – Lampenfieber treibt einen an, über sich selbst hinaus zu wachsen und die ganze Situation als Herausforderung zu begreifen. Daher ist es wichtig, dass Sie sich die Unsicherheitswand bewusst machen und Strategien entwickeln, damit Sie die Wand als eine zu überspringende Hürde angehen.

Wer sagt, er hätte vor Auftritten oder bestimmten Anlässen kein Lampenfieber, lügt – oder ist ein dermaßen kühler, berechnender und i.d.R. aalglatter Mensch, dass es keinen Spaß macht, sich mit ihm auseinander zu setzen.

Verlieren Sie nicht den Mut!

- Hemmungen sind kein Zeichen für mangelnde rednerische Begabung, wie Anfänger das oft befürchten. Hemmungen sind ein normales Durchgangsstadium auf dem Weg zum freien und mit Spaß erfüllten Reden!

- Lampenfieber ist eine Stressreaktion. Sie dürfen sie nicht negativ sehen, denn die Reaktion signalisiert Aktivierung. Allerdings gilt es, die Aktivierung nicht in eine Hemmung überschwappen zu lassen.
- Nur ein zu starkes Lampenfieber kann den Übergang vom Unbewussten (Speicher unseres Wissens) zum Bewusstsein (Sprechen) blockieren – aber dagegen kann man etwas tun!

Wozu Lampenfieber abbauen?

- Sie konzentrieren sich bei der Präsentation auf die Aufgabe und sind nicht noch zusätzlich mit sich selber beschäftigt.
- Sie schieben die Vorbereitung nicht ewig vor sich her. Durch die Vorbereitung über längere Zeit werden unangenehme Aspekte als kontrollierbar erlebt.
- Sie brauchen sich hinterher keine Vorwürfe zu machen, eine tiefere Vorbereitung und den Abbau des Lampenfiebers nicht probiert zu haben.

Wie gehen Sie vor?

Auch hier gilt: Die Kenntnis von Techniken und eigener Reaktionen ist die Voraussetzung für Erfolg.

Die beste Technik ist natürlich eine exzellente Vorbereitung. Ein Vortrag ist wie ein Langstreckenflug, welcher sorgfältig geplant, durchgeführt und nachgearbeitet wird.

Beachten Sie den Präsentationsplan

1. Bereiten Sie sich gut vor. Ein richtiges Manuskript ist die erste Voraussetzung für Sicherheit – sogar, wenn man es nur in der Tasche hat. Oft hilft schon eine kurze Gliederung.
2. Entspannen Sie sich. Gut ausschlafen, einen Spaziergang machen, ein Hobby ausüben, nicht bis zuletzt pauken. Vor allem: Vorsicht mit Alkohol.
3. Nicht den Magen überlasten – lieber leichte Nahrung essen.
4. Selbstsuggestion ist erlaubt! Sagen Sie sich: „Ich habe den Hörern etwas Wichtiges mitzuteilen und ich kann es interessant vortragen."
5. Gehen Sie frühzeitig in den Veranstaltungsraum. Wenn möglich: Sehen Sie sich den Raum in Ruhe und alleine an. Stellen Sie sich z. B. vorne auf das Podium und sprechen Sie laut in den Raum hinein. Stellen Sie sich dann vor, wie Sie einzelne Personen vor sich ansehen werden.
6. Atmen Sie mehrmals tief durch, überprüfen Sie Ihre Haltung und dann legen Sie los! Entfalten Sie sofort Aktivität am Rednerpult (auf das man oft besser verzichtet). Setzen Sie Gestik ein und nehmen Sie Blickkontakt auf.
7. Sprechen Sie am Anfang betont langsam.
8. Wählen Sie eine natürliche Ausdrucksweise. Eine förmliche oder geschwollene Ausdrucksweise kommt nicht an.
9. Suchen Sie Kontakt und Rückkoppelung bei Ihren Hörern.
10. Bei Plenumspräsentationen: Wählen Sie sich (evtl. vor Redebeginn) eine Person in der ersten oder eine in der letzten Reihe aus und sprechen Sie diese gezielt an. Wählen Sie einen fixen Punkt etwas oberhalb der Personen in der letzten Reihe und sprechen Sie diesen Punkt an. Das hilft bei der Konzentration auf eine Sache.
11. Generell: Suchen Sie immer wieder Gelegenheiten zum Üben: bei kleinen privaten Festen; bei kleinen Aufgaben, die Vorgesetzte stellen.

Sicher auftreten vor einer Gruppe

Reden halten, präsentieren, eine Gruppe leiten: auch das sind Führungskompetenzen. Wie die fachliche Kompetenz müssen auch diese Fähigkeiten trainiert und verbessert werden. Sicher vor einer Gruppe auftreten zu können bedeutet, mittels klarer und kontrollierter Verhaltensweisen die eigene Botschaft an den oder die Adressaten zu bringen.

Warum ist sicheres Auftreten so wichtig?

- Wer das eigene Auftreten überprüft, stellt sicher, dass es „ankommt". Die Überprüfung gilt für den neuen Redner: Er stellt sich mittels einer Checkliste auf die Situation ein und konzentriert sich auf für ihn wichtige Punkte. Das entlastet von der Unsicherheit, was jetzt eigentlich beim Auftreten vor einer Gruppe wichtig ist.
- Dem geübten Redner hilft die Überprüfung, eingeschliffene Verhaltensweisen zu korrigieren und sich zu verbessern.

Wie gehen Sie vor?

1 Nutzen Sie die Checkliste

Mit Hilfe der Checkliste auf den folgenden Seiten bereiten Sie Ihr Auftreten vor: Sie nehmen sich ganz bestimmte Punkte vor, auf die Sie während Ihres Redens achten. Sehen Sie sich die Liste vorher immer wieder an.

- **Wenn Sie ungeübt sind:** Nehmen Sie sich nicht mehr als eine Verhaltensweise pro Kategorie vor. Sie verzetteln sich sonst und überlasten sich. Schreiben Sie sich evtl. in großen Buchstaben auf Ihr Manuskriptblatt auf jede Seite eine Verhaltensweise.
- **Wenn Sie geübt sind:** Sie konzentrieren sich nur auf wenige Verhaltensweisen, von denen Sie wissen, dass Sie sie ändern wollen. Sie legen sich die Liste neben Ihr Manuskript und arbeiten sich schrittweise von oben nach unten durch.

2 Nach dem Auftreten

Sie gehen die Liste für sich selber nochmals durch und überprüfen, wo Sie Schwachpunkte haben. Die sind dann der Input für das nächste Mal. Sie können auch eine Vertrauensperson bitten, Ihnen mittels dieser Checkliste Rückmeldung zu geben.

3 Im Alltag

Nehmen Sie sich immer wieder Punkte aus der Liste vor, an denen Sie arbeiten wollen. Der Alltag bietet immer wieder kleine Übungsgelegenheiten, die nicht so stressig sind. Es sind die kleinen Übungen, die den Meister machen!

Checkliste: Konzentration auf wenige Verhaltensweisen entstresst

Verhaltensweisen ____ Ja

1 Körperhaltung und Körperbewegungen

- Blickkontakt suchen ____ ❐
- Gerade und unverknotete Körperhaltung zeigen ____ ❐
- Hände dem Gesprächspartner zeigen ____ ❐
- Muskelanspannungen durch kurze körperliche Belastung „abarbeiten" ____ ❐
- Wenn Sie stehen müssen: auf beiden Füßen stehen ____ ❐
- Sich ruhig bewegen und nicht „tanzen" ____ ❐

2 Stimme und Sprechweise

- Der Situation angemessene Lautstärke wählen ❐
- Sprechtempo finden, das mitdenken lässt ____ ❐
- Pausen zum Nachdenken geben ____ ❐
- Klare Aussprache immer wieder üben ____ ❐
- Wenig Fachausdrücke und Fremdwörter verwenden ____ ❐

3 Verhalten zum Gesprächspartner

- Sich in den anderen hineinfühlen ____ ❐
- Den anderen als Kommunikationspartner akzeptieren ____ ❐
- Versuchen, ihn zu verstehen ____ ❐
- Konsens suchen ____ ❐

- Ausreden lassen ________________ ❐
- Aktiv zuhören ________________ ❐
- Sie/ihn mit Namen ansprechen ________________ ❐
- Tolerant und freundlich reagieren ________________ ❐
- Klangfarbe und Wortwahl anpassen________________ ❐

4 Inhalt der eigenen Aussage verbessern

- Innere Vorbereitung: wissen, was ich will _____ ❐
- Die Aussagen klar gliedern und strukturieren ___ ❐
- Konzentriert und von äußeren Umständen ungestört vorgehen ________________ ❐
- Den roten Faden behalten ________________ ❐
- Nach Themenabschluss: zusammenfassen _____ ❐

Nutzen Sie visuelle Medien!

Gerade für die Arbeit mit Gruppen sind visuelle Medien sehr hilfreich: zum einen für die Zuhörer, zum anderen für Sie selbst:

- Visuelle Medien zwingen Sie Inhalte zu vereinfachen und klarer darzustellen. Diese Klarheit hilft Ihrer Zuhörerschaft. Wenn viel visuelle Information kommt, kann auch viel haften bleiben!
- Eine Präsentation ohne Visualisierung wird zu 80 % vergessen. Das Gedächtnis nimmt am besten über den visuellen Kanal auf.
- Visuelle Medien vereinfachen und entlasten das Gedächtnis. Ein Beispiel: Wenn Sie sieben Zahlen mit vier Stellen präsentieren und diese miteinander vergleichen, ist das Kurzzeitgedächtnis vieler überlastet. Visuelle Hilfen vereinfachen die Denkleistungen.

Was leisten visuelle Medien?

Sie unterstützen das gesprochene Wort, indem sie:

- einen bestimmten Punkt verdeutlichen
- Zeit sparen, weil sie das Wesentliche auf den Punkt bringen
- Interesse wecken
- dafür sorgen, dass sich die Zuhörer Wichtiges besser einprägen
- Ergebnisse sichern.

Welches visuelle Medium wähle ich?

Die folgende Liste hilft Ihnen, sich für das richtige Medium zu entscheiden.

	+ Vorteile	**– Nachteile**
1. Flip-Chart	Vorbereitung/Wiederverwendung möglich. Mehrere fertige Charts können nebeneinander aufgehängt werden. Der Ständer ist leicht. Kleine Notizen auf dem Chart ersparen das Manuskript. Modern: Heute gibt es Geräte, die ein Fotoprotokoll machen.	Korrekturen sind schwierig. Die Fläche des einzelnen Blattes ist begrenzt. Die Archivierung der Rollen ist umständlich. Verletzungsgefahr: Die Papierkanten sind scharf.
2. Overhead-Projektor	Folien sind kopierfähig. Von gedruckten Vorlagen kann man Folien herstellen. Beim Vortrag können Teile des Textes abgedeckt werden. Mehrere Folien können „aufbauend" übereinander gelegt werden.	Abhängigkeit vom Stromnetz. Projektionsfläche erforderlich. Projektionsabstand und Raumhelligkeit müssen beachtet werden.

	+ Vorteile	**– Nachteile**
	Auf wasserfeste Zeichnungen können abwischbare Notizen mit wasserlöslichem Stift gemacht werden. Der Vortragende behält den Blickkontakt zur Gruppe.	
3. Stecktafel	Alle Teilnehmer können aktiv mitwirken. Das gesammelte Material kann leicht geordnet und strukturiert werden. Ergänzungen und Korrekturen sind leicht möglich. Mit mehreren Tafeln können ganze Informationsstände aufgebaut werden. Notizen auf der Rückseite der Karten können das Manuskript ersetzen. Karten in verschiedenen Farben und Formen bieten viele Darstellungsmöglichkeiten.	Zwang zum Telegrammstil, da die Karten wenig Platz bieten. Das kann auch ein Vorteil sein! Die Vorbereitung erfordert mehr Zeit als bei anderen Medien.
4. Wandtafel	Preiswert, Korrektur leicht möglich, jedem aus der Schulzeit vertraut. Auch geeignet zum Anhängen von Papierbögen. Gut für schrittweise Entwicklung, bei der Teile gelöscht werden müssen.	Kreide an Händen und Kleidung. Was abgelöscht ist, ist „weg“. Verleitet zum flüchtigen Schreiben. Bei einigen weckt die Tafel unangenehme Erinnerungen an die Schule. Der Schreiber wendet der Gruppe den Rücken zu.

Welche Voraussetzungen gibt es für den Einsatz der Medien?

Bevor Sie visuelle Medien einsetzen, sollten Sie bestimmte Einflussfaktoren überprüfen, unter denen Ihre Besprechung oder Präsentation stattfindet. Die Ziele, Methoden oder Kosten für die Hilfsmittel müssen stimmen, sonst lohnt sich Ihr Einsatz nicht.

Ziele	Welchen Punkt will ich deutlich machen?
Methoden	Welche Hilfe wird mir die Verdeutlichung (Veranschaulichung) dieses Punktes bieten? Visuelle oder akustische, mechanische oder manuelle Methoden?
Kosten	Welche Ausgaben gibt es?
Zeit	Wie viel Vorbereitung brauche ich und wie ist das Kosten-/Nutzenverhältnis?
Situation	Wo und wie wird die räumliche Situation sein und werden die geplanten Hilfsmittel dort zur Geltung kommen?
Publikum	Welche Voraussagen kann ich über das Wissen und die Aufnahmefähigkeit des Publikums machen?

Wie gehen Sie vor?

1 Übung macht den Meister! Experimentieren Sie so weit wie möglich mit den verschiedensten Methoden.

2 Stellen Sie es sich zur Aufgabe, bei schwierigen Besprechungen immer eine andere Methode gut vorbereitet einzubringen.

Erfolgreich visualisieren

Ziele:

- Überblick vermitteln
- Zusammenhänge darstellen
- Veranschaulichen, „optische Rhetorik" = 2. Kommunikationskanal
- Denkanstöße geben
- Lernen erleichtern
- Einprägen erleichtern
- Infos abrufbereit speichern
- Ablaufdarstellung bei Gruppenarbeiten
- Dokumentation von Ergebnissen

Methoden zur Darstellung von Zahlen, Mengen und Größenordnungen:

- Tabellen
- Matrix
- Skalen
- Koordinaten, Kurven, Diagramme (Stab, Fläche, Kreis)

zur Darstellung von Gliederungen und Beziehungen:

- „Baum"-Verzweigungen
- Organigramme
- Matrix

Visuelle Medien:

- Wandtafel
- Flip-Chart
- Tageslichtprojektor
- Sticktafel, Hafttafel
- Diapositive
- Filme, Videoaufzeichnungen
- Modelle
- Ausgabenmaterial (Kopien) für Teilnehmer

zur Darstellung von Abläufen und Prozessen:

- Flow-Chart (Flussdiagramm)
- Netzpläne
- Skizzen

zur Strukturierung komplexer Problemfelder:

- Metaplantechnik (Arbeit an Stecktafeln mit Packpapier und farbigen Kärtchen)
- Einsatz aller grafischen Elemente und Nutzung aller Kompositionsmöglichkeiten

Grafische Elemente:	**Komposition:**
• Schrift • Farben • Linien • Flächen/Formen • Symbole	• Flächenteilung • Freiflächen • Reihung • Rhythmus • Betonung • Dynamik
Regeln: Lesbarkeit durch • Art und Größe der Schrift • Strichstärke, Farbkontraste	**Überschaubarkeit durch** • begrenzte Informationsmenge • Strukturierung, Gliederung • Wichtiges hervorheben
Verständlichkeit durch • gute Beschriftung • klare, präzise Begriffe • schrittweisen Aufbau • anschauliche Darstellung	**Ausbaufähigkeit durch** • ausreichende Freiflächen

Wichtig ist auch, dass Sie beim Einsatz visueller Hilfsmittel folgende Punkte beachten:

Checkliste: Prinzipien bei der Verwendung visueller Hilfsmittel

	Verhalten	Ja
1	Komplizieren Sie als Präsentierender die Dinge nicht.	❒
2	Verwenden Sie klar verständliche Wörter und Symbole.	❒
3	Verwenden Sie Farben sparsam und sinnvoll.	❒
4	Achten Sie auf die Wirkung von Lichtverhältnissen und die Entfernung von Bild und Betrachter. Falls Schrift zum Einsatz kommt: Lesbarkeit (Schriftgröße!) prüfen.	❒
5	Verwenden Sie einfache Mittel, wenn diese den Zweck erfüllen.	❒
6	Vermeiden Sie zu lange Präsentationszeiten.	❒
7	Sorgen Sie für angepasste und verlässliche Präsentationsgeräte (Ersatzbirnen!).	❒
8	Beim Einsatz von einem OH-Projektor: immer wieder abschalten (Laufgeräusch stört, Helligkeit ermüdet).	❒

Wie steht es mit akustischen Hilfsmitteln?

Wenn Sie akustische Hilfsmittel verwenden, müssen Sie überlange Präsentationen auf jeden Fall vermeiden. Alles was mit Hilfe eines Tondbandes mitgeteilt wird, wird am besten aufgenommen, wenn es kurz und bündig ist. Der Hörer verliert in der Regel relativ schnell das Interesse, je nach Stoff schon nach 10 Minuten. Nicht vergessen werden sollte in diesem Zusammenhang, dass Menschen unterschiedliche Hörfähigkeiten haben. Hörschwierigkeiten sind gar nicht so selten. Deshalb muss sichergestellt werden, dass alle den Text hören können. Verwenden Sie nur die am besten geeigneten Hilfsmittel, damit Sie eine möglichst große Wirkung erzielen können.

Ein weiterer Aspekt, wie die besten Ergebnisse mit visuellen und akustischen Hilfsmitteln erzielt werden, ist zu wissen, wo, wann und wie sie zu verwenden sind: Bringen Sie sie mit den anderen Teilen Ihrer Präsentation in Einklang. Selbst eine optimal vorbereitete Hilfe wird versagen, wenn sie zur falschen Zeit verwendet wird.

Medien sind nur als Unterstützung von ganz bestimmten Punkten anzuwenden. Sie sind kein dramaturgisches Spielzeug, aber sie können ein dramaturgisches Mittel sein.

Wie Sie Ihre kommunikativen Fähigkeiten ausloten

Worum geht es?

Sie haben in den letzten Kapiteln praktische Hinweise dazu erhalten, wie Sie Ihre Ziele finden und verwirklichen, Ihre Zeit richtig managen und effektiv mit anderen zusammenarbeiten. An diesem Punkt unserer Anleitung zum Selbstmanagement wollen wir nochmals unsere Ausgangslage ansteuern.

„Wo stehen Sie?"

Diese Frage wurde zu Beginn gestellt: Ihre Lust- und Frustbilanz, Ihre Leistungsbilanz, die Stärken- und Schwächenanalyse und eine Kompetenzbeurteilung haben Ihnen die Möglichkeit gegeben, Ihren Standort zu bestimmen.

Nun soll es um eine Standortbestimmung gehen, die von viel grundlegenderer Art ist: Wir wollen Sie dazu anleiten, Ihre kommunikativen Fähigkeiten selbst auszuloten, und Ihnen anschließend einen Weg aufzeigen, wie Sie Schwierigkeiten in der Kommunikation analysieren und beheben.

Kommunikative Kompetenzen als Schlüssel zum Erfolg

Die Fähigkeit, sich anderen verständlich zu machen und den anderen zu verstehen – und wir wollen „Kommunikation" als **jede Art der Verständigung** begreifen – kann als Schlüsselkompetenz für alle Bereiche gesehen werden.

Erfolgreich kommunizieren bedeutet nicht nur,

- sprachlich sicher aufzutreten,
- erfolgreich zu verhandeln oder
- andere gekonnt zu überzeugen.

Kommunikative Kompetenz bedeutet vor allem, Wege zu finden, **den anderen zu verstehen und sich selbst verständlich zu machen**, und umfasst damit z.B. Fähigkeiten wie:

- Gespräche effektiv führen und seine/n Gesprächspartner/in richtig einschätzen,
- offen an der innerbetrieblichen Kommunikation beteiligt sein,
- in der Interaktion mit anderen seine eigenen Ziele verfolgen,
- die Position des anderen begreifen und eine gemeinsame Basis schaffen,
- die impliziten Nachrichten entschlüsseln und auch nonverbale Signale richtig deuten,
- und vieles andere mehr.

Wie Sie Ihre Weiterentwicklung auf dem Gebiet der Kommunikation beginnen können

Wir wollen Ihnen Möglichkeiten aufzeigen, Ihre Fertigkeiten einzuschätzen und Probleme zu bearbeiten, damit Sie die ganze Bandbreite Ihrer kommunikativen Kompetenzen wirkungsvoll ausschöpfen können.

1. Bevor Sie sich mit der Praxis konkreter kommunikativer Weiterentwicklung auseinander setzen, sollten Sie sich vorab ein Bild Ihrer kommunikativen Fähigkeiten machen. Mit dem hier vorgestellten **Test** können Sie sich selbst kritisch einschätzen oder von anderen einschätzen lassen.

2. Danach sollten Sie sich insbesondere den problematischen Aspekten widmen, die Ihnen bei der Verständigung mit anderen begegnen. „Selbstmanagement" schließt daher ab mit einem Kapitel, das einen Ansatz zur **Analyse und Behebung von Schwierigkeiten in der Kommunikation** vorschlägt.

Was brauchen Sie für Ihre Weiterentwicklung?

Folgende Punkte sollten Sie beachten:

- Die hier aufgezeigten Wege sind als ein **Einstieg** gedacht, der es Ihnen ermöglichen soll, Ihre Stärken und Schwächen auf diesem Gebiet auszuloten und entsprechende Aktivitäten zur Verbesserung einzuleiten.
- Da Kommunikation jede Art von Verständigung betrifft, ist kommunikative Weiterentwicklung ein sehr umfassender Komplex. Der Test setzt daher den **Schwerpunkt** auf die

Bereiche **Moderation und innerbetriebliche Kommunikation.** Er vermittelt Ihnen jedoch einen guten Überblick, wo Ihre Stärken und Schwächen liegen und an welchen generellen Punkten Sie ansetzen können.

- Neben der hier vorgestellten Möglichkeit, Schwierigkeiten in der Kommunikation zu überwinden, finden Sie **weitere konkrete Lösungsvorschläge und Instrumentarien** für erfolgreiche berufliche Kommunikation insbesondere in den TaschenGuides „Besprechungen“, „Mitarbeitergespräche“, „Moderation“, „Rhetorik“ und „Schlagfertigkeit“.
- Weitere nützliche Tipps, wie Sie Ihre kommunikativen Fähigkeiten verbessern, finden Sie in den Bänden „Verhandeln“ und „Verkaufen“.
- Der Taschenguide „Besprechungen“ bietet Ihnen auch grundlegende Erläuterungen zur Frage: **„Wie funktioniert Kommunikation?“** an.

Testen Sie Ihre kommunikativen Fähigkeiten!

Bevor Sie sich mit der Praxis und den Instrumentarien für eine erfolgreiche Verständigung beschäftigen, sollten Sie Ihre kommunikativen Fähigkeiten kennen lernen. Nur wer sich selbst realistisch einschätzt, kann seine Stärken ausbauen und an Schwächen gezielt arbeiten.

Wozu ein Test?

Der folgende Test leitet die ersten wichtigen Schritte auf dem Weg zu einer effektiven innerbetrieblichen Kommunikation ein.

- Sie nehmen eine kritische Bewertung Ihrer kommunikativen Fähigkeiten vor. Das macht Sie sicher in Ihrer Selbsteinschätzung: Sie erkennen, ob und wo es notwendig ist, sich zu verändern.
- Sie können dann beginnen, gezielt an Ihren Schwächen zu arbeiten. Greifen Sie auch auf die Instrumentarien zurück, die in den Taschenguides „Rhetorik" und „Besprechungen" vorgestellt werden.
- Der Test zeigt, ob Fremd- und Selbsteinschätzung übereinstimmen: Geben Sie ihn vertrauenswürdigen Gesprächspartnern und bitten Sie diese, Ihr Verhalten zu bewerten. Diskutieren Sie das Ergebnis!
- Der Test eignet sich auch als Fremdeinschätzung für Mitarbeiter. Vielleicht wünschen sie sich von Ihnen eine Rückmeldung über ihr Verhalten!

Wie gehen Sie vor?

Antworten Sie auf die Fragen so spontan wie möglich. Die Auswertung finden Sie am Testende. Sie antworten lediglich mit „Ja" und lassen die Antwort einfach aus, wo sie „Nein" lautet.

Checkliste

		Ja
1	Erlauben Sie sich, mit Ihren Gesprächspartnern offen und ehrlich zu kommunizieren? ________	❐
2	Führen Sie Besprechungen immer mit einem festen Ziel durch? ________	❐
3	Machen Sie sich vor einem Gespräch kurz Gedanken über die Kommunikationsbereitschaft Ihres Gesprächspartners? ________	❐
4	Wählen Sie in einer Besprechung einen dem Partner angepassten Wortschatz? ________	❐
5	Zeigen Sie dem Gesprächspartner offen Ihre emotionalen Reaktionen, auch wenn sich daraus Nachteile ergeben könnten? ________	❐
6	Reservieren Sie bei Besprechungen genügend Zeit und halten Sie die geplanten Zeiten ein? ________	❐
7	Vermeiden Sie Formulierungen, wie „Ja, aber …“; „Man sollte …“; „Man könnte …“; „Ja, ich habe geglaubt, dass …“? ________	❐
8	Führen Sie regelmäßig Besprechungen durch, und zwar nicht nur, um über Wichtiges zu informieren, sondern auch, um über Probleme und Lösungsmöglichkeiten zu sprechen? ________	❐

9 Fördern Sie aktiv Fragen und Antworten? ______ ❒

10 Führen Sie regelmäßig Besprechungen durch, bei denen die erzielten Ergebnisse in einer Checkliste festgehalten und später kontrolliert werden? ______ ❒

11 Führen Sie regelmäßig Mitarbeiterbesprechungen durch, bei denen der tatsächlich erreichte Fortschritt mit den ursprünglich geplanten Zielen verglichen wird? ______ ❒

12 Sind Sie für Ihre Mitarbeiter ansprechbar und ermuntern Sie diese, auf Sie zuzukommen? ______ ❒

13 Halten Sie regelmäßig Besprechungen außerhalb der Firma ab, z. B. in einem Restaurant oder in einem Hotel? Schaffen Sie dadurch eine entspannte Atmosphäre und die Bereitschaft zur offenen Diskussion problematischer Themen? ______ ❒

14 Führen Sie mindestens halbjährlich Mitarbeitergespräche auf einer formalen Grundlage durch und machen Sie dabei Positives wie auch Negatives deutlich? ______ ❒

15 Wenn es die Selbstständigkeit der Mitarbeiter gestattet: Diskutieren Sie Ihre eigenen Probleme und Anliegen mit diesen, und hören Sie sich Ideen und Kommentare an? ______ ❒

16 Ermutigen Sie Ihre Mitarbeiter, situativ angebracht Hilfe bei anderen Gruppen und Experten zu suchen, und fordern Sie sie auf, sich anderen zur Verfügung zu stellen? ______ ❒

17 Bei wichtigen Veränderungen oder Schritten innerhalb Ihrer Firma: Rufen Sie alle Mitarbeiter zusammen, um ihnen die Gründe und möglichen Auswirkungen zu erklären? ______ ❒

18 Informieren Sie die Mitarbeiter so früh wie möglich über wichtige Sachverhalte? ______ ❒

19 Achten Sie bei Besprechungen auf die äußere Umgebung und darauf, dass keinerlei Störungen und Unterbrechungen eintreten? ______ ❒

20 Wenn Sie einen Vorgesetzten haben: Informieren Sie Kollegen über mögliche Auswirkungen, nachdem Ihr eigener Chef Sie über Veränderungen in Ihrem Bereich informiert hat? ______ ❒

21 Halten Sie Mitarbeiter auf dem Laufenden, wenn Entscheidungen anstehen, die möglicherweise ihren Bereich beeinflussen könnten? ______ ❒

22 Führen Sie gelegentlich Brainstormingsitzungen durch, die Mitarbeiter zum Einbringen neuer Ideen ermutigen sollen? ______ ❒

23 Kommunizieren Sie mit Ihren Mitarbeitern so viel wie möglich direkt mündlich - mehr als schriftlich? ______ ❐

24 Verwenden Sie Begriffe wie „Vertraulich" so wenig wie möglich und ermutigen Sie Ihre Mitarbeiter, dies genauso zu handhaben? ______ ❐

25 Wenn Sie davon hören, dass sich die Mitarbeiter über ein Gerücht sorgen, von dem Sie wissen, dass es jeder Grundlage entbehrt: Informieren Sie Ihre Mitarbeiter offen? ______ ❐

26 Wenn einer Ihrer Mitarbeiter etwas außergewöhnlich Gutes leistet: Gratulieren Sie ihm so schnell als möglich? ______ ❐

27 Werden Sie auf dem Flur oder unterwegs von Mitarbeitern angesprochen? Entwickeln sich daraus für Sie lohnende Gespräche? ______ ❐

28 Ermutigen Sie Ihre Mitarbeiter bei einem Qualifikationsgespräch, sich frei über Ihre Führungsleistung zu äußern (evtl. sogar mit einem standardisierten Verfahren)? ______ ❐

29 Hören Sie geduldig zu? ______ ❐

Auswertung

Jede Antwort mit „Ja" ist ein Punkt.

25–29 Punkte: Gratuliere, Sie sind der perfekte Besprechungsleiter. Sie kommunizieren effizient mit allen Mitarbeitern in Ihrem Unternehmen. Daraus wird auch deutlich, dass Sie Vertrauen schenken und empfangen.

15–24 Punkte: Sie kommunizieren zumeist effizient, haben aber noch einige Schwächen. Nehmen Sie sich heute diejenige Schwachstelle vor, die am leichtesten zu beheben ist, und arbeiten Sie an ihr.

6–14 Punkte: Sie werden noch intensiv an sich arbeiten müssen, bevor Sie effizient kommunizieren. Wahrscheinlich resultiert Ihr Verhalten aus einer eher vorsichtigen, unsicheren Einstellung. Diese Einstellung bereitet Ihnen schon genug Probleme. Geben Sie den anderen und sich selbst eine Chance: Es ist Ihre Pflicht, Informationen, über die Sie verfügen, an andere weiterzugeben, und nicht die Pflicht der anderen, diese bei Ihnen zu holen. Entspannen Sie sich und sprechen Sie mit Ihren Mitarbeitern!

5 oder weniger Punkte: Ihre niedrigen Werte zeigen, dass Sie viel lieber alleine in Ihrem Kämmerchen arbeiten, als Mitarbeiter motivieren und führen. Wann und wie werden Sie Ihre Einsiedelei beenden?

So analysieren und beheben Sie Schwierigkeiten in der Kommunikation

Kommt es vor, dass Sie sich unzufrieden fühlen, weil Sie zu wenig Informationen erhalten? Hegen Sie den Verdacht, dass wichtige Informationen in bestimmten Kanälen versickern? Passiert es, dass Sie aus einer Besprechung kommen, die mehr Unklarheit als Klarheit hinterlassen hat? Oder haben Sie manchmal das Gefühl, es geht mit einem Projekt nicht so recht vorwärts, weil bestimmte Inhalte nie angesprochen worden sind?

Kurzum: Stellen Sie manchmal fest, dass ein Mangel an Kommunikation herrscht, ohne aber recht zu wissen, woran das liegt? Wenn dies der Fall sein sollte, dann sollten Sie sich aktiv an die Analyse der Ursachen und die Behebung der Probleme Ihrer innerbetrieblichen Kommunikation machen.

Wie können Sie einen Mangel an Kommunikation beheben?

Im Folgenden finden Sie einen Weg, solche und andere Kommunikationsschwierigkeiten in den Griff zu bekommen. Wir geben Ihnen einen roten Faden, d.h. die Schritte vor, die Sie benötigen: von der Definition und Bewertung bis zur Lösungssuche, der Bündelung der Lösungen und dem Handlungsplan über die Durchführung bis zur Kontrolle.

Diesen „roten Faden" können Sie dann im Einzelnen mit den Instrumenten des Selbstmanagements auffüllen, indem Sie etwa die entsprechenden Möglichkeiten der Zielfindung ausschöpfen, eine Aktivitätenliste erstellen, Prioritäten setzen, die Problemlösung in einen zeitlichen Rahmen stellen, etc.

1 Definition des Problems

Klären Sie folgende Fragen:

- Was genau heißt „Kommunikationsmangel" für mich?
- Was könnten mögliche Ursachen dieses Mangels sein?
- Wie wirken sich diese Mängel konkret aus und wo verspüre ich sie? Wie und wann äußern sich diese am meisten?
- Was lösen diese Mängel für Gefühle in mir aus?
- Liegt der Schwerpunkt der Mängel im Bereich der „Information", des „Kontaktes" oder der „Zusammenarbeit"?
- Bei welcher Stelle/Person genau ist der Mangel festzustellen?

Bearbeiten Sie zur Klärung der letzten beiden Fragen die folgende Liste. Der Mangel wird in Prozent ausgedrückt. Wenn Sie also eine hohen Mangel empfinden, setzen Sie eine hohe Zahl ein.

Kommunikationsaspekte	0 % 100 %
Zielsetzung	______________
Inhalt	______________
Umfang	______________
erforderliche Verdichtung	______________
Hervorhebung wichtiger Daten	______________
Klarheit	______________
Aktualität	______________
Verständlichkeit	______________
Informationsquelle	______________
Sender	______________
Übermittler	______________
Kommunikationskanal	______________
Empfänger	______________
Rückkopplung	______________
Organisationsanweisung	______________
Verteiler	______________
Ablage/Zugriff	______________

Konnten Sie konkrete Kommunikationsmängel feststellen? Wenn ja, empfehlen wir Ihnen, die folgende Punkte 2 bis 7 durchzuarbeiten.

2 Lösungssuche

Ordnen Sie nur den Kommunikationsmängeln, die Sie wirklich kontrollieren können, Prioritäten zu. Die für Sie momentan unkontrollierbaren lassen Sie außer Acht.

- Sie könnten mittels Brainstorming einfach einmal eine Liste von Möglichkeiten zu den einzelnen Mängeln auflisten.
- Sie könnten sich für einzelne Mängel gezielt von Kollegen, denen Sie vertrauen, Rat holen.
- Sie könnten gezielt in Ihr Team die Frage einbringen: „Ich stelle fest, dass wir bei xy Mühe haben. Ich hätte einzelne Vorschläge zur Lösung und möchte, dass wir miteinander Möglichkeiten suchen. Welche Vorschläge haben Sie?"
- In welcher Reihenfolge können und wollen Sie sie in den Griff bekommen? Geben Sie dabei jenen Mängeln, die mit Sicherheit kontrollierbar sind, die höchste Priorität. Versuchen Sie zuerst, einfache Mittel zur Lösung anzuwenden.
- Welche alternativen Lösungsmöglichkeiten stehen zur Behebung dieser Mängel zur Verfügung?

3 Bewertung

- Die Lösungsmöglichkeiten werden bezüglich ihrer Umsetzbarkeit bewertet. Diejenigen, die schnell und ohne großen Aufwand umgesetzt werden, erhalten ein o.k.
- Die mit Aufwand und eventuell nur unter Einbezug anderer Personen und Gremien umsetzbaren erhalten eine zweite Priorität. Diejenigen, die sich schlecht und nur mit hohem Aufwand umsetzen lassen, werden gestrichen.

- Dann erfolgt die Entscheidung für den geeignetsten Lösungsweg: Welcher Kommunikationsmangel soll wie und zu welchem Zeitpunkt behoben werden? Welcher wird zuerst angegangen?

4 Bündelung der Lösungen

- Suchen Sie den zeitlichen Ablauf bei der Umsetzung zu ordnen. Ist eventuell eine Bündelung der Lösungen möglich, d.h. können bestimmte Lösungsmöglichkeiten sofort konkret zusammengefasst werden?
- Können eventuell mehrere Probleme durch einen Lösungsansatz oder Lösungsweg behoben werden?

5 Handlungsplan erstellen

Wenn sich bestimmte Lösungsmöglichkeiten anbieten, dann halten Sie diese schriftlich fest. Welche konkreten Änderungen können bis wann und durch wen durchgeführt werden? Wer ist über diese Änderungen zu informieren?

6 Durchführung der Lösungen

Die geplanten Maßnahmen werden in die Praxis umgesetzt. Welchem dieser Mängel wollen Sie bei der nächsten Besprechung Ihre höchste Aufmerksamkeit schenken?

7 Kontrolle der durchgeführten Lösungen

Eine Kontrolle darüber, ob die Lösungen die jeweils „angepeilten" Kommunikationsmängel eliminieren konnten, wird beispielsweise sofort nach der ersten Besprechung durchgeführt.

Wie Sie Ihren Arbeitsplatz perfekt organisieren

Beim Selbstmanagement gibt es eine wichtige Unterscheidung: Einerseits haben wir ganz bestimmte **Arbeitshilfen**, wie z. B. einen Ordner, eine Hängeablage, Fax, Outlook oder andere „Hardware", um die tägliche Arbeit zu bewältigen. Diese Instrumente nützen aber nur, wenn wir mit ihnen auch sinnvoll umgehen, d. h. wenn wir sie mittels bestimmter **Verhaltensweisen** beherrschen. Das beste Ordnungssystem bringt nichts, wenn sein Benutzer chaotisch ist und z. B. Briefe ohne Systematik irgendwo ablegt.

Im Folgenden wollen wir Ihnen zeigen, wie Sie sich rund um den Büroarbeitsplatz gut organisieren. Wir erklären wichtige Arbeitshilfen wie das Ablagesystem und zeigen auch, mit welchen Verhaltensweisen Sie diese Hilfsmittel noch besser nutzen können.

Sorgen Sie für einen aufgeräumten Arbeitsplatz

Der Arbeitsplatz, ob im Büro oder zu Hause, ist der Ort, an dem Sie Ihrer Kernaufgabe nachgehen können und an dem es Spaß machen sollte zu arbeiten. Idealerweise ist der Arbeitsplatz nur von den Hilfsmitteln und technischen Unterstützungen (Bildschirm, PC) umgeben, die man tatsächlich braucht.

Der typische Arbeitsplatz sieht jedoch meist anders aus: Er enthält eine Reihe von Stapeln – alles Ablagen, die nicht strukturiert sind. In den Schränken finden sich verschiedene Ordner mit den unterschiedlichsten Themen und verschiedenen Zuordnungen. Möglicherweise gibt es auch noch auf Sideboards, am Boden und auf dem Fensterbrett, auf der Klimaanlage – oder wo sonst früher einmal eine freie Fläche war – eine Reihe von Vorgängen, Interessantem, Büchern, Prospekten und diesem und jenem.

Auf dem Schreibtisch türmen sich neben Telefon, Kalender und Büromaterial Ablagen von aktuellen Aufgaben, vermischt mit Briefen, Besprechungsnotizen, etc. Daneben liegen alte Unterlagen, Zeitschriften und Briefe. Gelbe Haftzettel kleben hier und da. Oder es stapeln sich verschiedene Aufgaben in Klarsichthüllen und Ablagekästen, die in sich unterschiedlich hohe und niedrige Prioritäten bergen. Darunter viel Material, das „eigentlich" schon längst in den Abfallkorb gehört.

Auch die Ordner in den Schränken quellen oft über. Mit Unterlagen von Personen, die schon gar nicht mehr im Unternehmen, oder mit Dokumentationen von Aufgaben, die schon lange erledigt sind.

Potenziert wird diese Unübersichtlichkeit noch dadurch, dass das papierlose Büro in der Regel zu noch mehr Papier führt. Meiden Sie unbedingt die Verhaltensweise, Mails, Präsentationen, Briefe etc. zur Sicherheit oder einfach, weil man das schon immer so gemacht hat, auszudrucken, denn das hat eine ungeordnete Papierflut zur Folge.

Jedenfalls erfordert es viel zusätzlichen Zeitaufwand, das Chaos in der eigenen Ablage zu bereinigen. Häufig scheinen auch inneres und äußeres Chaos zusammenzuhängen. Wer sich daher über seine Prioritäten und Ziele Klarheit verschafft, tut sich leichter, auch für Klarheit an seinem Arbeitsplatz zu sorgen.

Was tun, wenn es unübersichtlich wird?

Bei solchen „historisch gewachsenen" Ablagen bekommen viele regelmäßig ihren „Aufräumanfall", meist vor dem Urlaub, vor Weihnachten oder Silvester. Dann wird zwar viel weggeschmissen – aber machen Sie sich nichts vor: Es dauert nur kurze Zeit, und schon beginnen die Stapel wieder von neuem zu wachsen. Die Hauptursache ist, dass es eben kein Ordnungssystem gibt, das laufend die hereinströmenden Informationen von ganz alleine sortiert. Also müssen wir es selbst tun!

Eine einfache Erklärung für unser Verhalten des „Nicht-Wegschmeißen-Könnens" ist wohl das archaische Jäger- und Sammlerverhalten. Unsere Vorfahren – bis nach dem Krieg – überlebten nur, wenn sie fleißig sammelten und Wiederverwertbares aufhoben. Nur haben sich die Zeiten inzwischen geändert. Eine unsystematische Vorratshaltung von Papier und Daten führt jedenfalls zu einer immer größer werdenden „Vermüllung".

Es gibt zwei sinnvolle Maßnahmen, die Sie ergreifen und auch langfristig durchhalten sollten:

- Unbrauchbares sollten Sie regelmäßig entsorgen.
- Räumen Sie Ihren Schreibtisch und Ihren Arbeitsplatz konsequent auf.

Welche Vorteile haben ein übersichtlicher Arbeitsplatz und Schreibtisch?

Ein überquellender Schreibtisch ist ein Hort der Ablenkung. Wenn Aufgaben einmal angefangen sind, springt einem natürlich irgendwann prompt die nächste ins Auge. Es ist dann ein leichtes, den gerade bearbeiteten Vorgang hinzulegen und einen neuen, lustvolleren zu beginnen. Dies geht jedoch auf Kosten der Effizienz (siehe auch Kapitel „Leistungsfresser".)

Es hat also durchaus Sinn, auf dem Schreibtisch Ordnung zu schaffen:

- Ein aufgeräumter Schreibtisch verhindert Ablenkungen.
- Ein aufgeräumter Schreibtisch führt zu weniger innerem Druck („Ich müsste eigentlich noch dieses und jenes tun."). Man sieht nicht laufend „diffus unerledigte" Sachen rumliegen.
- Ein aufgeräumter Schreibtisch verhindert, dass man Aufgaben anfasst, sie aber möglicherweise gleich wieder weglegt.
- Ein aufgeräumter Schreibtisch verhindert auch, dass man verschiedene Aufgaben gleichzeitig, je nach Lust und Laune, bearbeitet und dadurch viel Zeit verliert.

■ *Eine Prioritätenliste und ein aufgeräumter Schreibtisch unterstützen das Abarbeiten der wirklich wichtigen Aufgaben.* ■

Wie gehen Sie vor?

Doch wie kommt man zu einem dauerhaft aufgeräumten Schreibtisch bzw. Arbeitsplatz?

1 Schaffen Sie günstige Voraussetzungen für die „Aufräumarbeiten":

- Reservieren Sie für die erste Aktion mindestes zwei bis vier Stunden Zeit.
- Nehmen Sie sich vor, die ganze Aufgabe in einem Zug zu lösen. Sie müssen sich fest entschließen, diese Aufgabe ein für alle Mal zu lösen und den Arbeitsplatz komplett aufzuräumen. Erlauben Sie sich keinesfalls irgendwelche Nischen.
- Weiter müssen Sie sich vornehmen, die neue Struktur des Arbeitsplatzes mindestens 4 Wochen durchzuhalten.
- Jeden Abend müssen Sie mit sich selber abmachen, ca. fünf Minuten Zeit in das nochmalige Aufräumen zu investieren. Sie müssen bereit sein, am Anfang etwas mehr Zeit aufzuwenden.
- Holen Sie sich Verbündete: Möglicherweise hilft Ihnen eine Kollegin/ein Kollege bei dieser Aufgabe. Wenn Sie zu zweit aufräumen, fällt die Wegwerfentscheidung oft leichter.

2 Sie fangen an einer Stelle, z. B. links oben an, und gehen Stapel für Stapel und Bündel für Bündel durch. Klären Sie, ob Sie diesen Stapel wirklich täglich brauchen. Wenn Sie den ganzen Stapel wirklich täglich brauchen (z. B. die aktuellen Vorgänge), überlegen und entscheiden Sie, ob er bei

Ihnen liegen muss. Möglicherweise können Sie diesen Vorgang auch so lange im Posteingangskorb, im Sekretariat oder in einem Hängeschrank lassen, bis Sie ihn brauchen.

3 Wenn Sie auf Papiere, Zeitschriften oder Vorgänge stoßen, die Sie nie gelesen haben und auch nicht weiter verwenden, dann werfen Sie sie einfach weg. Werfen Sie alles weg, was Sie im vergangenen Zeitraum von vier Wochen nicht verwendet haben. Sie werden im ersten Moment natürlich sagen, dass das nicht geht und dass man ja nicht weiß, ob man das Papier nicht doch noch einmal braucht. Seien Sie einfach ehrlich zu sich selber: Nutzen Sie das, was Sie in der Hand halten, wirklich?

4 Sie kommen dann auch an den Punkt, wo Sie auf Papiere und Vorgänge aufmerksam werden, die sie noch brauchen. Und stellen womöglich fest, dass Sie keine dafür strukturierte Ablage haben. An diesem Punkt könnten Sie an die Gestaltung Ihres Ablagesystems gehen, was Sie sicherlich ein bis zwei Stunden in Anspruch nehmen wird. Wie Sie diese Aufgabe lösen, steht im folgenden Kapitel.

Ein Trick noch zum Abschluss: Wenn Sie unsicher sind, ob Sie etwas nicht doch noch brauchen, empfiehlt sich die Monatskiste: Im September z. B. schmeißen Sie alles in eine Kiste, was als „Wegwerfkandidat“ in Frage kommt. Was Sie davon im Laufe der Zeit nicht dringend benötigen und herausgeholt haben, brauchen Sie tatsächlich nicht. Schmeißen Sie dann am 31. Oktober den gesamten Inhalt unbesehen weg. Unbesehen deshalb, um nicht doch wieder schwach zu werden.

Ein Hinweis: Wenn Sie in der nächsten Zeit nicht mindestens 3-4 mal etwas suchen, was Sie hatten, fahren Sie immer noch mit übergroßer Vorratshaltung. Sie bunkern mehr als Sie brauchen. Sie haben das Ziel, Unbrauchbares konsequent wegzuwerfen, noch nicht erreicht.

Checkliste: Wie gut ist Ihr Arbeitsplatz organisiert?

Test

		Ja	Nein
1.	Kommen Vorgänge durcheinander, wenn Sie Ihren Schreibtisch schnell aufräumen?	❐	❐
2.	Stapelt sich Papier auf Ihrem Schreibtisch?	❐	❐
3.	Wachsen die Papierstapel?	❐	❐
4.	Bewegen Sie diese Papierstapel häufig hin und her, um das Gesuchte zu finden?	❐	❐
5.	Liegen Vorgänge unsortiert auf Ihrem Schreibtisch?	❐	❐
6.	Suchen Sie manchmal vor einer Reise Fahrkarten, Flugscheine, Hotelreservierungen oder wichtige Unterlagen im letzten Moment zusammen?	❐	❐
7.	Kommt es vor, dass Sie bei Sitzungen oder Besprechungen wichtige Notizen nicht zur Hand haben?	❐	❐
8.	Sind Ihnen schon mal Elemente oder Details Ihrer Projekte „entschlüpft"?	❐	❐
9.	Suchen Sie ab und zu nach Rechnungen oder anderen Belegen?	❐	❐

Auflösung

0 x Ja	Herzlichen Glückwunsch! Sie führen Ihren Schreibtisch mustergültig.
1 x Ja	Kümmern Sie sich um diesen Punkt. Machen Sie einen Aktionsplan, wie Sie dieses Problem zukünftig vermeiden.
2 x Ja	Planen Sie Zeit ein, um auf Ihrem Schreibtisch „klar Schiff" zu machen.
Ab 3 x Ja	Sofortige Aktion ist notwendig!

Das Ablagesystem nach Maß

Das Ablagesystem hilft, sich einen Überblick über gespeicherte Informationen in schriftlicher und bildlicher Form oder über ein sonstiges Medium zu verschaffen. Ein Ablagesystem sollte jeder für sich definieren und darin nur die Dokumente aufbewahren, die für die Bearbeitung der eigenen Aufgaben notwendig sind.

■ *Typisch für ein nicht-funktionierendes Ablagesystem ist z. B., dass bei einem Umzug ein Rest an Unterlagen am alten Ort bleibt. Und später weiß niemand mehr, was damit gemacht werden soll.* ■

Es fällt immer wieder auf, dass viele Ablagesysteme unsystematisch aufgebaut sind. Sie sind in der Regel historisch gewachsen. Beispielsweise ist das Ablagesystem im Computer anders organisiert als im Ordner. Das führt zu unterschiedlichem Ablageverhalten, zu Doppelführungen und damit zur Verwirrung. Zum Teil ist die Ablage chronologisch organisiert, zum Teil alphabetisch. Dann gibt es wieder themenbezogene Informationsablagen. Manchmal ist der Nutzen unklar, und auch, ob die Dokumente jemals wieder gebraucht werden. Daraus entsteht eine Unmenge an unsystematisch archivierten Dokumenten.

Das Chaos im PC ist zwar nicht sichtbar, aber doch vorhanden. Dort ist es nach ca. drei bis fünf Jahren fast unmöglich, bestimmte Texte, Tabellen, Präsentationen auf Anhieb zu finden. Viel Zeit wird mit Suchen verschwendet. Die Verhaltensweise, spontan Ordner, Unterordner und nochmals Unterordner auf dem Rechner zu schaffen und nach Bedarf alles darin abzuspeichern, führt früher oder später zu einer vollen Festplatte, zumindest aber zum Qualitätsverlust, weil nicht mehr transparent ist, welche Informationen überhaupt verfügbar sind und welche Informationen systematisch wohin gehören.

■ *Gerade im Computer wird zwar fleißig abgelegt, aber nie bzw. sehr selten die komplette Ablage durchgesehen und Unnötiges entsorgt.* ■

Gesteigert wird dieses Problem für die Nutzer von Intranet und Internet, weil dort die Möglichkeiten von Informationssammlung schier unbegrenzt scheinen – aber die Möglichkeit, die Informationen zu ordnen, selten wahrgenommen wird (etwa durch ein Favoritensystem).

Welchen Nutzen hat eine strukturierte Ablage?

Die Vorteile einer strukturierten Ablage liegen auf der Hand:

- Informationen können schnell eingeordnet und wieder aufgefunden werden.
- Man erhält einen schnellen Überblick über alle Informationen.
- Stellvertreter, die Aufgaben übernehmen müssen, finden sich leichter zurecht.
- Fairness: Ein klares Ablagesystem hilft anderen Kollegen Inhalte schneller zu finden.
- Überblick: Als Projektleiter/Vorgesetzte kann man das Ganze besser im Auge behalten; damit wird die Ablage zum Führungsinstrument.
- Der physische Raumbedarf wird in Grenzen gehalten.
- Eine dünne Ablage sammelt weniger Papier und damit weniger Staub an. Damit werden Pantoffeltierchen und Schädlinge gering gehalten und die gesundheitliche Belastung verringert sich.

Wie wird eine Ablage aufgebaut?

1 Analysieren Sie die eigenen Kernaufgaben.

2 Bilden Sie dann Blöcke, und zwar nicht mehr als 10 Hauptblöcke. Beispiele für Hauptblöcke könnten Kunden, Lieferanten, Produkte, Projekte, Werkzeuge, Mitarbeiter oder Verantwortungsbereiche sein.

3 Wenn Sie die Hauptblöcke identifiziert haben, bilden Sie Unterstrukturen. Eine mögliche Unterstruktur bildet die alphabetische Ordnung von A – Z, eine weitere die chronologische Sortierung.

Eine Möglichkeit die Hauptblöcke zu identifizieren, zeigt das folgende Beispiel:

Sie erhalten von Lieferanten bestimmte Dienstleistungen oder Produkte. Somit ist die erste Hauptgruppe die der Lieferanten – von A bis Z. Die zweite Hauptgruppe ist das, was Sie an verschiedenen Dienstleistungen oder Produkten erhalten. Dann können diese Produkte in einer weiteren Hauptgruppe alphabetisch kategorisiert werden. Sie selber veredeln diese Produkte, arbeiten also mit diesen Produkten mittels bestimmter Werkzeuge. Diese Werkzeuge können nun selbst wieder kategorisiert werden. Eine nächste Hauptgruppe sind Ihre Mitarbeiter. Schließlich geben Sie die Produkte an jemanden weiter – die nächste Hauptgruppe wären also die Kunden. Eine weitere Hauptgruppe bilden die unterschiedlichen Informationsquellen und Informationen, die das Unternehmen an Sie heranträgt. Es könnten dies auch Besprechungsrunden innerhalb Ihrer Organisation sein, die nicht direkt an Ihre Aufgaben gebunden sind.

Wie sehen die Unterkategorien aus? Wenn Sie z. B. in Projekten arbeiten, könnten Sie diese wiederum

- nach Name alphabetisch oder
- nach Datum chronologisch ordnen.

Eine weitere Unterstruktur bei Projekten wäre der Projektablauf. Er setzt sich möglicherweise aus den Meilensteinen Vorstudie, Hauptstudie, Programmierung, Test und Übergabe an die Linie zusammen. Möglicherweise wiederholt sich dieser Ablauf immer wieder. Manchmal fehlen auch bestimmte Elemente, dann bleiben diese Unterordner einfach leer.

Beispiele für Ablagestrukturen

Der Aufbau der Ablage einer Führungskraft kann sich etwa nach deren Aufgaben richten:

- Mitarbeiter
  - Einstellung
  - Kündigung
  - Entwicklung
  - Zielvereinbarung
  - Leistungsbeurteilung
  - Ausbildung
- Fachaufgaben, z. B. Projekte
  - nach Projektstufen
  - Vorstudie
  - Konzept
  - Realisierung
  - Test
  - Einführung
- Pläne und Reporting
  - Monat
  - Quartal
  - Jahr

- Weitere administrative Infos (Prüfen, ob überhaupt abgelegt werden muss?)
  - spezielle Themen
  - ...

Wenn Sie mehrere Mitarbeiter, Fachaufgaben und Projekte haben, dann ordnen Sie diese alphabetisch oder chronologisch. Das erleichtert die Identifikation.

Für einen **Berater** stellt sich die Systematik z. B. wie folgt dar:

Produkte

Produkt A	Instrumente Tests Teilnehmerunterlagen Spiele Konzeptionen
Produkt B	Instrumente Tests Teilnehmerunterlagen Spiele Konzeptionen

Kunden

Kunde A	Verträge Schriftwechsel Abmachungen und Konditionen
Kunde B	Verträge Schriftwechsel Abmachungen und Konditionen

Lieferanten

Lieferant A	Verträge
	Schriftwechsel
	Abmachungen und Konditionen
	Produktinformation
Lieferant B	Verträge
	Schriftwechsel
	Abmachungen und Konditionen
	Produktinformation

Von Ablageformen und Hilfsmitteln

Dann gilt es, die richtige Ablageform auszuwählen. Die Auswahl richtet sich nach den betrieblichen Gegebenheiten. Dabei gilt das Prinzip, dass Sie sich möglichst auf eine Ablageform einigen.

Möglich sind folgende Ablageformen:

- Ringordner
- Hängemappe
- Ablagekästen
- Wiedervorlage-/Arbeitsmappen (1-31; A-Z; 1-7, etc.)
- Schnellhefter
- Karteikasten
- Elektronische Systeme (E-Dokumente, Datenbanken, elektronische Archive).

Arbeitshilfen werden täglich benutzt. Dazu zählen Instrumente, Papiere oder elektronische Geräte. Sie helfen den täglichen Arbeitsablauf technisch zu unterstützen. Es gibt dabei unserer Ansicht nach nicht das universelle Instrument. Wir unterscheiden zwischen solchen, die der eigenen Arbeitssituation und den persönlichen Neigungen entsprechen und solchen, die es nicht tun. Wichtig ist, dass die Instrumente auch zu einem selbst passen. Wer beispielsweise noch Mühe mit der Elektronik hat und sie ablehnt, braucht entsprechende andere Mittel in reiner Papierform.

- Bei Papier empfiehlt es sich, mit Hängeregistraturen zu arbeiten: der Nutzen ist der schnelle Zugriff. Blöcke bleiben übersichtlich und klein, eignen sich aber nicht gut zur Archivierung. Die Mappe kann gut mitgenommen werden. Ordner muss man bei großem Volumen immer als Ganzes aufmachen, was länger dauert, als eine Mappe zu öffnen.
- Nicht jede Ablageform eignet sich für jedes Dokument. Zum Beispiel ist es sinnvoll, für die Ablage von Rechnungen oder Lieferscheinen etc. eine Form zu wählen, bei der Sie die Dokumente einheften können. Für die Ablage von Prospekten oder Produktproben ist es sinnvoll eine Form zu wählen, in der Sie verschiedene Formate ablegen können.

Einige abschließende Tipps: Lassen Sie sich erst verschiedene Ablageformen zeigen und entscheiden Sie sich dann für das passende System. Überlegen Sie auch, welche Softwareanwendungen (etwa MS Project, Intranet) das gesamte Datenmanagement in Ihrem Unternehmen unterstützen können. Bei der Frage nach der Archivierung wichtiger Dokumente empfiehlt es sich, nach einer einheitlichen Lösung für das ganze Unternehmen zu suchen.

Epilog

Sie haben beim Durcharbeiten erste Schritte in einem Prozess gemacht. Hören Sie jetzt bitte nicht auf!

Vielleicht haben Sie bei vielen Hinweisen und Checks festgestellt: „Stimmt, das trifft auch auf mich zu, das ist wirklich eine Schwäche von mir!" Wenn Sie das Gefühl hatten, an diesem oder jenem Punkt steckt eine Wahrheit dahinter, arbeiten Sie genau hieran! Sie haben das Problem erkannt. Machen Sie den nächsten Schritt. Wie sieht die Lösung aus? Bis wann soll das Problem gelöst sein? Seien Sie konsequent, bis Sie in diesem Selbstmanagement-Bereich eine Routine entwickelt haben. Und dann machen Sie am nächsten kritischen Punkt weiter.

Setzen Sie auch hier die Prioritätenliste ein. (Was ist wichtig? Was ist dringlich?)

Arbeiten Sie nicht nur „irgendwie" an sich – also womöglich nur dort, wo es gerade besonders leicht fällt. Tun Sie es mit ganz konkreter Zielsetzung und mit ganz konkreten Hilfsmitteln. Lassen Sie sich nicht ablenken!

Wenn etwas schief geht oder nicht auf Anhieb klappt, verzweifeln Sie nicht. Sicher wissen Sie dann auch schon, woran es gelegen hat und wo Sie ansetzen müssen. Und freuen Sie sich, wenn Sie langsam so manches in Ihrem Arbeitsalltag besser in den Griff bekommen.

Wir wünschen Ihnen

- die Weisheit, zurückzublicken und die Vergangenheit zu verstehen;
- die Offenheit und Freude, die Gegenwart aufzunehmen,
- und die Geduld mit sich selber, das Erkannte mit Mut und Kraft im Vorwärtsgehen umzusetzen.

Entscheiden Sie jetzt über Ihre nächsten konkreten Schritte!

Kopiervorlagen

Datum			
Aufgabe (Lebens- oder Berufsgebiet)	**Stärken**	**Folgen/ Chancen**	**Offene Fragen/ Absichten?**

Datum	Aktivität – Was?	Bis wann?	Wer?	Für wen?

Datum	Anrufer – Wer?	Nummer	Thema – Was?	Aufgabe

Teilnehmer: ______________________________

Datum/Ort: ______________ Sonstiges: ______________

1 Was ist mein Hauptziel?

____

2 Welche Punkte könnten/müssen zur Sprache kommen?

____

3 Welche Entscheidungen könnten/müssen getroffen werden?

____

4 Was muss ich erreichen?

____

5 Was muss ich vermeiden?

____

6 Was muss mein Gesprächspartner erreichen?

____

7 Was muss mein Gesprächspartner vermeiden?

____

8 Welche Ziele decken sich?

____

9 Wo liegen unsere möglichen Zielkonflikte?

____

10 Wo fehlen noch Informationen?

____

Stichwortverzeichnis